Contrescarpe
Heerdenthor
Heerdenthorsstrasse
Lindenstr.
Schillerstr.
Richiweg
Contresc.
Bischofsthor
Kohlhöcker
Turnhalle
Am Wall
Loge
wall
Schüsselkorb
Museum
Theater
Bischofsnadel
Ostertorstr.
Buchtstr.
Seemanstr.
Stadtgraben
Blumenschule
Reichs-Bank
Heerdenthors-
Knochenhauerstr.
Wegesende
Pelzerstr.
Realschule
Catharinenstr.
Domshof
Bank
Ansgarii-Kirche
Lloyd
gr. Hundestr.
Queerenstr.
U. L. Fr. Kirche
Knaben Waisenh.
Wilhadistr.
Petri Wwh.
Vorwärts
Sandstr.
Am Wall
wallstrasse
Bürgerstr.
Langwedelerstr.
Obernstrasse
Domkirche
Rathhaus
Markt
Union
Künstlerver.
Viotenstr.
Kunsthalle
Detentie
Waage
strasse
Börse
am Dom
Domsheide
Post
Osterthorstr.
Dechanatstr.
Herren Amt
Langewieren
Gartenstr.
Waisenh.
Martinistr.
Breedenstr.
Wachtstrasse
Balgebrückstr.
Klosterstr.
Joh. Kir.
Hohestr.
Stavendamm
Schnoor
Marterburg
Altenwall
Tiefer
Zollschoppen
Holzpforte
Anlegeplatz f. d. D. d. Oberweser
Herrlichkeit
DIE
S

Bremen im Bild

Wochenmarkt auf dem Domshof 1930,
Foto von Heinrich Raschen

Diethelm Knauf

Bremen im Bild

Fotografien erzählen Geschichte(n)

herausgegeben vom LIS – Zentrum für Medien

mit 165 Abbildungen

EDITION TEMMEN

Inhalt

Historische Fotografie: Wahrheit, Wirklichkeit, Nostalgie.
Zum kritischen Umgang mit visuellen Dokumenten 7

Was ist Geschichte? 7
Geschichte und visuelle Medien 7
Die Spezifik der Fotografie 8
Das »kulturelle Gedächtnis« 9
Über einen kompetenten und kritischen Umgang mit Fotografien 10
Das Fotoarchiv der Landesbildstelle Bremen 12
Zum Aufbau des Bandes 13
Literatur 14

Die Bilder

Stadtansichten 16
An der Weser 72
Von der Politik 118
Alltag 178

Straßenbauarbeiten in der Ostertorstraße vor dem
Zweiten Weltkrieg, Foto von Magnus Iken

»Sich an die Vergangenheit zu erinnern, sie immer bei sich zu haben ist vielleicht die notwendige Voraussetzung dafür, die Integrität seines Ichs zu wahren, wie man so sagt. Damit das Ich nicht schrumpft, damit es sein Volumen behält, müssen die Erinnerungen begossen werden wie Topfpflanzen, und dieses Gießen erfordert den regelmäßigen Kontakt mit Zeugen der Vergangenheit, das heißt mit Freunden. Sie sind unser Spiegel; unser Gedächtnis; man verlangt nichts von ihnen, außer dass sie von Zeit zu Zeit diesen Spiegel polieren, damit man sich darin anschauen kann.«

Die Identität, Milan Kundera

Historische Fotografie: Wahrheit, Wirklichkeit, Nostalgie. Zum kritischen Umgang mit visuellen Dokumenten

Ein Blick in die Fernsehprogramme zeigt es: Geschichtsvermittlung via Bild ist sehr populär. In unserer modernen Mediengesellschaft hat »die Vergangenheit« einen bisher nie da gewesenen Stellenwert, auch aufgrund des riesigen kommerziellen Potenzials von Geschichte. Heute »laufen die Bilder« in allen TV-Anstalten zu allen möglichen historischen Themen. Nicht umsonst apostrophierte man bereits das 20. Jahrhundert als das visuelle: Menschliche Erfahrung wird in Bildern an folgende Generationen weitergegeben.

Die Popularisierung von Geschichte hat jedoch ihren Preis, die Geschichtswissenschaft(en) haben die Deutungshoheit historischer Prozesse, Ereignisse, Bewegungen und Strukturen verloren. Geschichte dient vielen Zwecken, die »wahre« Geschichte verschwindet hinter Mythen und Legenden. Geschichte ist eine Form des öffentlichen Bewusstseins, sie wird konstruiert und unterliegt politischer und ideologischer Zweckbindung. »Today is the great age of historical mythology«, sagt der große Historiker Eric Hobsbawm (geb. 1917) in seiner Autobiografie. Heute leben wir im Zeitalter historischer Legendenbildung. Er ist sich, wie viele andere, vollkommen bewusst darüber, dass der Historiker, indem er historische Prozesse analysiert und interpretiert, auch Stellung nimmt zu Politik und Weltanschauung der Gegenwart. Eins scheint klar: Wo Geschichte konstruiert wird, muss sie auch dekonstruiert werden, und zwar in all ihrer medialen Vielfalt. Erinnerungen, persönliche und akademische, von Kollektiven und Individuen, in gedruckter wie in visueller und auditiver Form sind der Rohstoff der Geschichte. Die historischen Narrationen sind vielfältig, widersprüchlich und weder neutral noch objektiv. Sie miteinander zu vergleichen, sie zu analysieren, einzuordnen, zu kritisieren, sie gegeneinander abzuwägen, mag der historischen Wahrheitsfindung dienen.

Erinnern ist auch das, was die Publikation dieses Bandes mit historischen fotografischen Bremensien intendiert. Wertvoll ist das allemal, da es gilt, Zeugnisse des Vergangenen aufzubewahren und für das Verständnis der Gegenwart und die Gestaltung der Zukunft nutzbar zu machen. Wie aber erinnern wir uns? Das ist hier die Frage. Wie sagt Eric Hobsbawm? »There is no getting away from the past« – der Vergangenheit kann man nicht entkommen. Stimmt das, ist es umso mehr historische Pflicht, sich mit visuellen Medien in der Geschichtsvermittlung zu beschäftigen.

Was ist Geschichte?

Geschichte ist Vergangenheit – doch auch die Umkehrung trifft zu: Vergangenheit ist Geschichte. Man kann sich ihr nur von der Gegenwart her nähern, sie bedarf der Rekonstruktion. Geschichte ist Erinnerung, sie wird rekonstruiert, wie auch die Erinnerung, denn sonst wäre sie keine Erinnerung. Geschichte ist deshalb auch als Suche nach Vergangenheit bezeichnet worden. Konnte man in Zeiten nationalstaatlicher Historiografie noch von einer (relativ) einheitlichen Erinnerungskultur ausgehen, die im Übrigen nicht selten den politischen und ideologischen Anforderungen eben jener nationalstaatlichen Ausformung dienlich war, sein wollte oder musste, so ist in einer Zeit sich vertiefender kultureller Diversität der Gesellschaften von der Auflösung einer einheitlichen nationalen Erinnerungskultur, die auch zuvor wohl mehr Anspruch als Wirklichkeit war, auszugehen. Geschichtsbilder sind unterschiedlich, werden entlang sozialer, ethnischer, nationaler, geschlechtsspezifischer, generationeller Merkmale konstruiert und dekonstruiert, analysiert und interpretiert, vermarktet, benutzt und instrumentalisiert, dienen der Herausbildung und Formulierung von Identität(en). Die historische Sinnbildung vermittelt sich via historischer Narration(en). Wie die Erinnerungen sind diese unterschiedlich, individuell und kollektiv, öffentlich und privat, offen und disparat.

Geschichte und visuelle Medien

Geschichte ist im wahren Sinne des Wortes medial vermittelt. Die Erinnerung wie die Narration bedürfen eines Mediums, sei dies eine schriftliche Quelle, ein Dokument, ein Brief, ein Gesetz, ein Zeitzeugeninterview oder eben ein Foto oder ein Film. All diese Medien folgen einer bestimmten, wenn auch unterschiedlichen Dramaturgie, sie sind gestaltet – und wenn auch nur durch eine Einteilung in Paragrafen oder eine Gliederung in Sinnabschnitte per Überschriften. Am Rande sei bemerkt: Dies gilt natürlich auch für die Rekonstruktion und die Darstellung der Geschichte selbst. Auch der wissenschaftliche Aufsatz oder die Dokumentation im Fernsehen folgen einer Dramaturgie, denn der Rezipient will gefesselt sein, sei es durch provokative Hypothesen, schlagende Belege oder suggestive Bilder. Trotz aller Bemühungen um wissenschaftliche Objektivität wird Geschichte auch immer subjektiv wahrgenommen und interpretiert.

Die traditionelle Geschichtswissenschaft und vielfach auch der Geschichtsunterricht reduzieren das Medium Fotografie häufig immer noch auf seine illustrative Funktion – und unterschätzen damit sein Potenzial, vergangene Zeiten zu rekonstruieren. Mehr noch: Als reine Illustrationen kommen Fotografien Nostalgiebedürfnissen entgegen und leisten einer verklärenden und romantisierenden Geschichtsdarstellung Vorschub – getreu dem Motto »In der guten alten Zeit ...«.

Eine auf Texte konzentrierte Geschichtswissenschaft ist wohl kaum in der Lage, ein angemessenes Instrumentarium zur Analyse und Interpretation von Fotografien und von Bildern allgemein zu entwickeln. Allerdings hat das Interesse an Fotografien seit etwa den 1970er Jahren im Zuge der Entwicklung der Geschichtswerkstätten, von oral history und von Ansätzen der »Geschichte von unten« zugenommen, weil mit neuen Themen wie Alltagskultur der »kleinen Leute«, Arbeitswelt, Vereins- und Freizeitwesen, Jugendkultur und Frauenbewegung auch neue Medien ihre Relevanz entfalten konnten. Jedoch fokussierte die Aufmerksamkeit hier und seither wesentlich den Inhalt des Mediums, immerhin. Das wird aber nicht ausreichend sein. Es ist ein relativ Leichtes, den »objektiven« historischen Kontext einer Fotografie (Fotograf, Produktionsdatum, Situation, Gegenstand) zu rekonstruieren. Was aber ist mit dem »emotionalen« Kontext, etwa den Befindlichkeiten von Fotograf und abgelichteten Personen auf einer Hochzeitsfeier oder den Anstrengungen der Industriearbeiter bei bestimmten Tätigkeiten? Sicher gehen Gefühle in die Produktion einer Fotografie ein, versucht diese, solche festzuhalten als auch solche bei dem Rezipienten/Betrachter zu erzeugen. Eine Rolle spielt hier auch der Präsentations- oder Verwendungskontext von Fotografien: im Familienalbum, auf dem Schreibtisch oder an der Wand, in Werbekampagnen oder im Separee.

Wenden wir uns der Deutung des Mediums Fotografie zu, taucht ein anderes, sehr gravierendes Problem auf: Wir deuten in einem anderen Medium, nämlich dem der Sprache. Wir müssen Bilder, Bildhaftes, Anschauliches verbalisieren und eine komplexe visuelle Wahrnehmung in Verstehen, Denken, Analysieren und Kommunizieren umsetzen. Kann man sprachlich das ausdrücken, was das Bild evozieren will? Auch die Inszenierung eines Theaterstückes ist etwas anderes als das Theaterstück selbst, nämlich die Umsetzung von Sprache in Bilder.

Wie komplex und letztlich unvollständig das Erfassen der Wirklichkeit sowohl sprachlich als auch als bildlich ist, hat der spanische Schriftsteller Jorge Semprun eindrücklich bezüglich der Wirklichkeit in den Konzentrationslagern festgehalten und damit auch einen sehr überlegenswerten Beitrag zum Verhältnis von Wirklichkeit, Wahrheit und medialer Repräsentation derselben sowie zum Verhältnis zwischen Dokumentation und Fiktion geleistet. Er kam zu dem Schluss, dass man die dokumentarische Wirklichkeit letztlich wie einen fiktiven Stoff hätte behandeln müssen, um an die »erlebte Wahrheit« der »Wiedergänger dieser langen Abwesenheit, den Lazarussen dieses langen Todes« so nahe wie möglich heranzukommen, »denn die Bilder, auch wenn sie das blanke Entsetzen, den körperlichen Verfall, die Arbeit des Todes zeigten, waren stumm«, vor allem, weil sie nicht die »Kontinuität von Gefühlen und Erregungen« wiedergaben (Semprun, p. 129).

Die Spezifik der Fotografie

Bilder können also nicht immer die Wirklichkeit, so sie denn zum Beispiel unfassbar schrecklich ist, so wiedergeben, wie sie die Menschen erlebt haben. Dennoch halten Bilder sehr wohl Wirklichkeit fest.

Bilder vermitteln einen anderen Eindruck vom Leben in früheren Zeiten als schriftliche Quellen, nämlich einen visuellen, deshalb haben sie eine hohe suggestive Kraft, denn sie sind ästhetisch gestaltet. »Die Fotografie ist eine Bildsprache!«, konstatierte der Fotograf Andreas Feininger (1906–1999), eine universelle und die einzige Sprache, die überall in der Welt verstanden werde. Das mache sie wertvoll und einzigartig. Ähnlich wie das gesprochene oder geschriebene Wort, das man intelligent einsetzen kann oder mit dem man Wissen vermitteln, Ideen austauschen und den Geist stimulieren kann, das man aber auch als bloßes Geplapper verschwenden könne, »so kann Fotografie dem Betrachter etwas Wertvolles geben oder seine Zeit mit visuellem Blabla vergeuden. Die wichtigste Eigenschaft der Fotografie ist also ihr Inhalt.« (Feininger, p. 27).

Die Kamera widmet sich dem Augen-Blick in des Wortes doppelter Bedeutung. Das Auge blickt und hält den Moment, den Augenblick, im Foto fest. Fotos haben also einen dokumentarischen Aspekt. Obwohl Fotografien zunächst einmal Aufnahmen eines Momentes und Ausschnittes sind, können sie den Betrachter dazu verleiten, die Zeit vor und nach der Aufnahme in seiner Imagination zu ergänzen, so dass im Kopf des Betrachters der Eindruck eines Ablaufes entstehen kann: Eine Handlungsfolge verdichtet sich bildlich, nicht real.

Neben dem Informationsgehalt wohnt Fotografien auch ein narratives Element inne. Wer hat wann, was, wen, warum, mit welcher Absicht fotografiert? Mediale Eindringlichkeit, poetische Suggestion oder authentische Überzeugungskraft können Merkmale fotografischer Abbildungen sein. Dem Verleger der »Leipziger Illustrirten Zeitung«, Johann Jakob Weber, war es schon 1843, ungefähr fünf Jahre nach »Erfindung« der Fotografie, ein Anliegen, »durch Verschmelzung von Bild und Wort eine Anschaulichkeit der Gegenwart hervorzurufen«, er wollte das Interesse an der Gegenwart steigern und ihr Verständnis erleichtern, die Rückerinnerung (!) sollte »durch bildhafte Vergegenwärtigung« ein angenehmes Erlebnis werden. Deswegen publizierte er ein bebildertes Journal und setzte auf die Authentizität der Illustration (Lebeck/von Dewitz, p. 20 ff.). Die Autotypie, also das erste Rasterfoto, sollte dann das »treue Abbild des Originals« leisten. Die Pressefotografie entwickelte sich. Wobei sich die Auswahl des »Originals« aus der Vielfalt der Realität schon bald auf ein »potenziertes Repertoire an Schreckensbildern« fokussierte. Das Verhältnis von Abbild und Original schien sich alsbald zu verkehren: »You furnish the pictures and I'll furnish the war«, schrieb der Zeitungsmagnat William Randolph Hearst an seinen Korrespondenten Remington in Havanna und hoffte, damit genau in dieser kausalen Abfolge die Kriegswilligkeit in den USA im Kontext des amerikanisch-kubanischen Krieges 1899 zu schüren.

Zumindest im Nachrichtenwesen emanzipierte sich das fotografische Bild alsbald vom illustrierenden Beiwerk zur Nachricht selbst. Der Reiz des Bildes bestimmte die Wichtigkeit des Stoffes, Wirkung erzielte das Bild, das heißt die mediale Repräsentation, nicht die Nachricht selber. Die Schaulust, der Voyeurismus, den das Element Anschaulichkeit der Fotografie generierte, scheint den Wunsch nach Wissen zu dominieren, obwohl die Fotografie natürlich auch das Bedürfnis nach Information bedienen könnte. Sicher ist die Fotografie ein Medium der Information und Dokumentation, auch der Unterhaltung und eines, das Pläsier vermitteln kann, es diente und dient aber auch der Propaganda, der Manipulation und der Indoktrination. Die »Suggestivkraft der Bilder« besitzt ambivalentes Potenzial, zumal wenn es mit Mitteln wie Montage, Collage oder Verfremdung bewusst gestaltet wird. Unter kapitalistischen Marktbedingungen wird sich das Medium Fotografie immer in der Spannung zwischen Information, Aufklärung, Bildung auf der einen Seite und kommerzieller Verwertung auf der anderen bewegen. Mit den Worten »Seine Stimme denen geben, die keine haben« rief der US-amerikanische Fotograf W. Eugene Smith nachdrücklich zum sozialen und politischen Engagement der Fotografen und der Fotografie auf. Die Dramatisierung der Bilderwelten unserer Tage jedoch, die Jagd der Paparazzi nach Sensationen scheint jeden Enthüllungsjournalismus zum reinen Klatsch verkommen zu lassen.

Das »kulturelle Gedächtnis«

Bilder sind Teil der Kultur, prägen diese, sind Medium der Erinnerung und der Weitergabe von Traditionen an nachfolgende Generationen, sie sind Instanzen der Kulturvermittlung.

Eine Vielzahl von Bildmotiven ist mittlerweile Bestandteil eines »kulturellen visuellen Gedächtnisses« auch internationalen Zuschnitts geworden. Ein bestimmtes Bildrepertoire evoziert bestimmte (kollektive) Erinnerungen: das nackte Mädchen, das in Vietnam vor einem Luftangriff flieht, die Steine, die 1953 beim Aufstand in der DDR auf dem Potsdamer Platz gegen die russischen Panzer fliegen, der Sprung des NVA-Soldaten an der Bernauer Straße über Stacheldraht und Maueröffnung in den Westen, der chinesische Student, der auf dem Tiananmen-Platz einem Panzer nicht weichen will. Von Bildern ausgelöste »Gefühlsvalenzen« können in »politisch-moralische Identitätskonstrukte« (Knoch, p. 22) eingehen. Fotografien sind vieldeutig und ambivalent, für eine Vielzahl von Interpretationen offen. Ihnen wird von den Rezipienten eine Bedeutung verliehen. Erst hier findet ihre endgültige Entschlüsselung statt. Dies jedoch kann mindestens zweierlei nach sich ziehen: Die Interpretation von Fotografien muss nicht einheitlich, allgemein gültig sein, es kann disparate, konträre, unvollständige, vorläufige Entschlüsselungen geben und, was noch wichtiger sein mag, die im Produktionskontext entstandene Narration, die vom Fotografen möglicherweise intendierte Aussage oder »Botschaft«, kann vollkommen anders sein als die von dem oder den Rezipienten entschlüsselte. Ein Foto ist, häufig zu einem späteren Zeitpunkt, Auslöser und Medium der individuellen wie kollektiven Erinnerung, besetzt mit einem emotionalen Element (Freude, Wehmut, Trauer, Ausgelassenheit). Der Rezeptionskontext ist ein anderer als der Entstehungskontext.

Bilder geben Orientierung. Wir nehmen die Welt in Bildern wahr und interpretieren sie in solchen. Wir denken in Bildern selbst mit geschlossenen Augen, »die Welt« erschließt sich durch ständige Repräsentationen von Bildern in unseren Köpfen. Ausdrucksstarke Bilder, lebhafte, sinnliche, originelle, erschütternde, so sie oft wiederholt werden, werden zu Ikonen im Gedächtnis. Quasi symbolhaft verbinden Bilder die Welt der Gedanken und die Welt der Wahrnehmungen, sie sind konsens- und identitätsstiftend. Die Erinnerung an die Vergangenheit lebt in Bildern, ebenso die Wahrnehmung der Gegenwart und die Vision von der Zukunft. Deswegen spricht man von der »Macht der Bilder«. Und vor allem die Mächtigen nutzen dies für ihre »Bilder der Macht«, herrschaftssichernde, konsensstiftende, Systeme und Personen glorifizierende, symbolhafte und ikonenhafte Reproduktionen von Wirklichkeit mit einem kollektiven, für viele Menschen glaubhaften und sinnstiftenden Zuschnitt.

Bildern haftet der Nimbus der Objektivität an: »Das habe ich mit eigenen Augen gesehen.« Der Betrachter wird zum Augenzeugen. Wir glauben, was wir sehen, aber das Umgekehrte gilt auch: Wir sehen, was wir glauben. Die ästhetische Gestaltung und das suggestive Potenzial der Fotografie lassen Bilder zu Ikonen werden, Personen zu Mythen und Geschichte zu Legenden. Deswegen sollte es Teil einer zu entwickelnden Medienkompetenz sein, etwaigen »Wahrheitsgehalt« einer (historischen) Fotografie zu erkennen und ihre symbolhaften Ebenen und Funktionen herausarbeiten zu können.

Bilder und Bildfolgen erzählen das »Wie« eines Sachverhalts, das »Warum« kommt zu kurz, sie legen unterschwellig eine grundlegende Übereinstimmung zwischen den persönlichen Anschauungen des Betrachters und medial vermittelten Erfahrungen nahe, sie erwecken dadurch den Eindruck, selbstverständlich zu sein und verbreiten Offensichtlichkeiten.

Das Bildmaterial hat sich in den vergangenen Jahren vermillionenfacht. Auf YouTube werden täglich weltweit über drei Milliarden Videos angeschaut, in jeder Minute Videos von insgesamt 48 Stunden Dauer hochgeladen. Immer mehr Menschen verbringen immer mehr Zeit damit, Bilder anzusehen und sie auf sich wirken zu lassen. Es gibt eine riesige Diskrepanz zwischen unserer Fähigkeit, Texte zu verstehen und Bilder zu deuten.

Über einen kompetenten und kritischen Umgang mit Fotografien

»Die Wahrheit ist das beste Bild«, diese Zitatsequenz des berühmten Fotografen Robert Capa (1913–1954) wird bis heute als Leitgedanke »authentischer« Fotografie quasi mantrahaft endlos wiederholt. Häufig allerdings ohne den Halbsatz, mit dem Capa seinen Gedanken enden ließ: »Die Wahrheit ist das beste Bild, die beste Propaganda.« Neben einem dokumentarischen Zweck verfolgen Fotografien – gelegentlich intentional, gelegentlich nicht intentional – auch einen anderen, zum Beispiel den der ästhetischen Stilisierung, der verklärenden Inszenierung, der verdeckten Manipulation, der politischen Propaganda. Anders als bei schriftlichen Texten, die wir gewohnt kritisch lesen, lassen wir uns von Fotos oft über deren Wahrheitsgehalt täuschen. Das Bild scheint objektiv. Und doch: Auch Bilder sind standpunktabhängig. Fotografen gestalten ihre Produkte, sie wählen den Ausschnitt aus der abzubildenden Realität, sie reduzieren den Bildausschnitt, sie heben Details hervor, sie arbeiten mit Unschärfen, Spiegelungen, scharfen und unscharfen Helldunkel-Kontrasten. Sie streben (möglicherweise) ungewöhnliche Bildkompositionen an, ihre Abstraktionen können verwegen, assoziativ und gar magisch sein.

Selbst sich als dokumentarisch deklarierende Fotos wählen aus, vermitteln eine bestimmte Sichtweise, heben hervor, lassen aus, rücken in den Vordergrund oder schneiden ab. Bei privaten Fotos wird das offensichtlich. Da sind Oma und Opa oder das Baby wichtig. Aber solche Aufnahmen geben auch Auskunft, meist unbeabsichtigt, darüber, wie die Menschen gekleidet sind, was sie essen, welche Spiele sie spielen, wie ihre Wohnungen eingerichtet sind, welche Arbeiten sie ausführen, wie sie sich fortbewegen. Sie legen Zeugnis ab von den den Menschen wichtigen Symbolen und sind selbst Symbole, Deutungen der Realität. Das macht sie zu wichtigen Dokumenten der Sozial- und Kulturgeschichte. Allerdings hängt es von ihrer quellenkritischen und kompetenten Interpretation und Einordnung ab, ob sie zu wertvollen Medien im Prozess der erinnernden Rekonstruktion von Geschichte werden oder ob sie lediglich Stimulus bleiben für ein Kaleidoskop anheimelnder oder erschütternder, jedenfalls verklärender Erinnerungen und sentimentaler Assoziationen. Beiden Aspekten der Fotografie, dem dokumentarischen und dem ästhetisch-gestalterischen, ist Rechnung zu tragen.

Legte der Fotograf Andreas Feininger primär Wert auf den Inhalt, den eine Fotografie wiedergebe, so war er sich der künstlerisch-gestalterischen Einflussnahme auf die mediale Repräsentation dieses Inhalts doch sehr wohl bewusst: »Ich fotografiere nie ein Motiv, und wenn es noch so interessant ist, wenn ich es nicht für fotogen halte. In dieser Hinsicht muss ich Qualitäten wie Farbe, Licht, Kontrast, Perspektive, Bewegung, Hintergrund und Gesamtstimmung abwägen – Elemente der grafischen Gestaltung. Denn wenn diese Eigenschaften nicht gut präsentiert werden, kann eine Fotografie zwar wichtig hinsichtlich ihres Inhalts sein, aber sie kann niemals ein künstlerisch zufriedenstellendes Bild werden.« (Feininger, p. 31) Werden Fotografien durch Wahrnehmungsprozesse zu Bildern (deren Deutungen und Funktionen unterschiedlich sein können), so gilt es doch, eine Wahrnehmungskompetenz zu entwickeln, die sich natürlich auf die Entschlüsselung des dargestellten Inhalts bezieht, aber darüber hinausgeht und nach gestalterischen Elementen fragt, die eine bestimmte Wirkung erzeugen (können). Hat das Medium Fotografie eine symbolische Bedeutung und möglicherweise einen metaphorischen Sinn, weil es sich an Fantasie und Reflexion richtet, so muss eine Bildanalyse nicht nur danach fragen, »was man sehen kann«, sondern auch nach »Bedeutungen jenseits des Abgebildeten, nach der Symbolsprache der Fotografien und den von ihr produzierten Vorstellungen« (Brink, p. 15). Die Literaturwissenschaft unterscheidet zum Beispiel einen dem Werk eher immanenten »point of view« und eine Erzählperspektive, die außerhalb des Werkes liegt, sich gleichwohl aber auf dieses bezieht. Überträgt man das auf die Bildanalyse, so hat man einen Blickwinkel im Bild, einen bildimmanenten Betrachter und einen (historischen) Produktionskontext. Die akademische und didaktische Aufmerksamkeit hat sich sehr wohl dem Medium Fotografie quellenkritisch zu nähern, indem sie nach Standpunktabhängigkeit und Wirkungsabsicht der Aussage fragt und nach ästhetisch gestalteter Präsentation des (historischen) Inhalts. Sie hat darüber hinaus in der dialektischen Form-Inhalt-Analyse die symbolische Funktion der Fotografie, ihren Charakter als Medium der Verklärung oder der Erkenntnis, als solches der Aufklärung oder der Manipulation, als das des Widerspruchs oder des Konsenses, in den Blick zu nehmen. Der »fotografie-unkundige wird der analphabet der zukunft sein«, wusste der Bauhaus-Meister László Moholy-Nagy (1895–1946) bereits im Jahr 1927.

In den angelsächsischen Ländern versucht man mit dem Begriff »visual literacy« eine Kompetenz zu beschreiben, die »images« (Bilder, Abbildungen, Ansichten) interpretieren und entschlüsseln kann, und versteht diese explizit als bedeutungsaushandelnde Kompetenz. Man kann Bilder lesen und die gefundene Bedeutung kommunizieren. Theoretisch gesagt: Es geht um die Dekonstruktion sinntragender Zeichen. Informationsentschlüsselung und Bedeutungsaushandlung sind ein (persönlicher) Sinnstiftungsprozess. Visual literacy ist so gesehen Teil einer zu begründenden und zu entwickelnden Medienkompetenz, einer kulturellen Kompetenz, die die aktive Gestaltung von Kommunikationsprozessen ermöglicht und zur Teilhabe an gesellschaftlicher und politischer Praxis befähigt. Visual literacy formuliert also ein Ziel. Um Medienkompetenz und, als Teil davon, eine deutende Bildinterpretation klarer zu fassen sind weiterhin – und vielleicht auch als Folge dieser Publikation – folgende Punkte zu diskutieren:

1. Zur Klärung der Rolle von visuellen Medien bei der Rekonstruktion von Geschichte muss auch eine kulturtheoretische Positionierung vorangetrieben werden. Welchen »Sinn« tragen visuelle Medien und wie ist dieser zu dekonstruieren?

2. Jedes Medium verfolgt – beabsichtigt oder unbeabsichtigt, bewusst oder unbewusst – ein Wirkung. Wie lässt sich diese Wirkung erschließen und wie stimmt sie mit der tatsächlichen Rezeption, auch in unterschiedlichen Zeitepochen, überein?

3. Um eine sorgfältige Bilddeutung vornehmen zu können, ist eine umfassende archivische Erschließung äußerst wünschenswert. Archive stehen aber häufig vor dem Problem, dass Nachlässe nicht genau kontextualisiert sind, dass auch diejenigen, die Bildmedien in den Archiven abgeben, nichts oder nichts Genaues darüber sagen können, wer die Fotos zu welchem Anlass mit welchem Ziel und wann gemacht hat. Archivare und Historiker sehen sich dann vor die Aufgabe einer gründlichen historischen Recherche gestellt, die zuweilen enorme Kenntnisse im Detail verlangt, um zum Beispiel herauszufinden, welche Kleidung in welcher Zeit en vogue war.

4. Vollkommen unterbelichtet ist im Moment noch die Debatte darüber, wie die Technik der Fotografie und ihre Entwicklung die Gestaltung der Bilder und ihre Aussage beeinflusst haben. Aber sicherlich haben Belichtungszeiten, Filmmaterial, Objektive und Entwicklungsverfahren enorme Auswirkungen gehabt.

Die Klärung dieser Fragen ist also einer zukünftigen Diskussion vorbehalten. Grundanliegen der vorliegenden Publikation ist es, die Bilder sprechen, erzählen zu lassen, ihre narrative Struktur zu analysieren. Dabei geht es darum,

a) das zu beschreiben und zu enthüllen, was auf den Bildern dargestellt ist;

b) das offensichtlich zu Sehende zu kontextualisieren, es in den ökonomischen, gesellschaftlichen, politischen und (alltags-)kulturellen Zusammenhang einzuordnen, das Bild also zu deuten. So ist etwa der Marktplatz nicht nur ein Ort, an dem etwas ge- und verkauft wird, sondern in seiner städtischen Funktion mitunter auch das wirtschaftliche, politische und religiöse Zentrum;

c) zumindest in Ansätzen das Medium selber zu analysieren: Handelt es sich um ein (offizielles) Foto, eine Postkarte, eine Privataufnahme? Wurde es zu dokumentarischen, zu Werbezwecken oder als familiäres Erinnerungsstück hergestellt? Wie wurde es dementsprechend gestaltet, mit welchen ästhetischen Mitteln sollte die Wirkungsabsicht realisiert werden (Wahl des aufgenommenen Ausschnittes, Standpunkt des Fotografen, Einsatz von Licht und Schatten, Kameraperspektive);

d) wenn immer möglich Informationen über den Fotografen bereitzustellen, weil dessen Position (Amateur, Auftragsfotograf, professionelles Fotostudio etc.), seine Fähigkeiten und Intentionen Inhalt und Form des Bildes beeinflussen.

Nun sollte jedoch nicht erwartet werden, dass alle diese Momente in der Analyse jeder Abbildung umfassend realisiert werden. Das wäre im Rahmen dieser Publikation kaum zu leisten und auch tendenziell langweilig. Uns geht es darum, ein spannendes, informatives Werk an die Öffentlichkeit zu bringen, das intentional vor allem als ein Diskussionsimpuls zu verstehen ist, indem wir versuchen, Fotografien als Medien, die Geschichte festhalten und tradieren, ernst zu nehmen.

Das Fotoarchiv der Landesbildstelle Bremen

Erstaunlich ist, wie früh Aspekte von Medienkompetenz schon formuliert wurden. Geradezu prophetisch klingen die Worte aus der Kultur- und Lehrfilmzeitschrift »Der Bildwart. Blätter zur Volksbildung« von 1924. »Bildlesenlernen ist eine wichtige Aufgabe der Schule, die so weit geübt werden muss, dass der Schüler in der bildlichen Darstellung die gesehene Wirklichkeit und aus der Wirklichkeit die gesehene bildliche Darstellung erkennen kann.« Die Dekonstruktion visueller Informationen war also offensichtlich schon Gegenstand der Debatten um eine Schul- und Unterrichtsreform nach dem Ersten Weltkrieg. Anfang der 1920er Jahre hatten sich engagierte Pädagogen zu einer »Arbeitsgemeinschaft für das Lichtbildwesen« im Bremischen Lehrerverein zusammengeschlossen und 1924 wurde die Bremische Lichtbildzentrale für die Volksschulen gegründet, alsbald abgekürzt Bremische Lichtbildzentrale. Der Bestand dieser Einrichtung, der vordringlich der Medienarbeit in den Schulen zugeführt wurde, umfasste Ende der 1920er Jahre über 8000 Bilder, vorwiegend großformatige Glasdias, von denen etwa 2000 von mit der Lichtbildzentrale verbundenen Lehrern selbst hergestellt worden waren. Manche dieser Materialien hatten einen regionalen oder lokalen Bezug, erfüllten somit dokumentarische Zwecke. Jedoch wurde bereits zu dieser Zeit intensiv über den pädagogischen Aspekt des Medieneinsatzes im Unterricht diskutiert. Methodisch ging es um die Einbringung des Bildes als Mittel der Veranschaulichung von Lehrbuch und Lehrerwort in das »traditionelle« Unterrichtskonzept, allerdings wurde kritisch vermerkt, dass der »Lichtbilderunterricht« eben nicht »wertloses Bilderbesehen« sein sollte. Zumindest ansatzweise hatten fortschrittliche Pädagogen Eigengewicht und Eigenbedeutung der Bildaussage erkannt und das Bild mit seinem Informationsgehalt und seiner Kommunikationsstruktur als eigenständigen Aussageträger und nicht nur als illustratives Beiwerk im Unterricht ernst genommen (Landesbildstelle Bremen, p. 8).

Nach dem Zweiten Weltkrieg formulierte der Senat des neuen Bundeslandes Bremen für die nunmehr Landesbildstelle Bremen genannte Einrichtung neben den pädagogischen Aufgaben auch solche eines klassischen Archivs: »B. Sammlungsaufgaben; 1. Aufbau einer Kreis-Film- und Bildsammlung; 2. Film- und Bildverleih; 3. Führung eines Verzeichnisses der im Kreise vorhandenen Filme und Bilder und seine Bekanntgabe an die Schulen; 4. Mitarbeit am Aufbau des Bildarchivs der Landesbildstelle« (Aufgabenzuweisung vom 15. Februar 1949). Dem »Sachgebiet Fotografie« wurden neben den Aufgaben im schulischen Bereich, d.h. der Dokumentation von Unterricht und schulischen Vorhaben sowie der entsprechenden Lehrerausbildung, auch solche der fotografischen Dokumentation aktuellen Zeitgeschehens und der Erfassung von Veränderungen der Infrastruktur Bremens sowie in der Archivierung der Aufnahmen zugeschrieben. Seit ihrer Gründung also fotografiert und dokumentiert, sammelt und archiviert die Landesbildstelle, um Zeitgeschehen für nachfolgende Generationen festzuhalten. Das ist der Kern des Fotoarchivs der alten Landesbildstelle, des jetzigen Zentrums für Medien im Landesinstitut für Schule. Heute umfasst der Bestand des Fotoarchivs 300.000 Dokumente, Negative und Positive, Glasdias, 9x9-, 6x6- und Kleinbild-Dias, Scans etc.

Vor vielen Jahren schon hat die UNESCO Fotografien und auch Filme als zu bewahrendes Kulturgut eingestuft. Diese Einschätzung ist auch Leitlinie der Arbeit des Fotoarchivs des Zentrums für Medien Bremen. Da unsere Kultur nach wie vor eine auf das Schriftliche fixierte Kultur ist, ist eine Auffassung von Fotografie als Zeitzeugnis, historische Quelle und visueller Symbolträger und deshalb auch zu bewahrendes Kulturgut immer noch ungewöhnlich. In unserer Gesellschaft ist es gängige Praxis, visuelle und auditive Kulturprodukte vorwiegend unter ästhetischen und künstlerischen Gesichtspunkten zu behandeln. Die Archivierungstätigkeit des Fotoarchivs setzt hingegen darauf, die historischen Aufnahmen zu sichern, zu pflegen und für die Nachwelt zu bewahren und zu überliefern. Dazu gehören die fotografische Spurensuche, das Pflegen, Rekonstruieren und Restaurieren der Dokumente sowie die Recherche zu ihrem jeweiligen Umfeld (Entstehungszusammenhänge, Urheber- und Verwertungsfragen, Begleitmaterialien, zeitgenössische Rezeption). Das historische Material muss ausgewertet und bewertet, in die Geschichte eingeordnet und seine Bedeutung für die lokale/regionale Kultur bestimmt werden. Aufgabe ist es, die Foto- und Mediengeschichte zu erforschen, und das gerade in heutigen Zeiten, in denen der Gebrauch medialer Produkte als Versatzstück oder Zitat über ihren originären Sinn hinwegtäuscht. Natürlich bietet das Archiv auch Dienstleistungen an für schulische und außerschulische Bildungszwecke, für wissenschaftliche Forschung und Lehre, für journalistische Recherche und macht seine Materialien einer interessierten Öffentlichkeit zugänglich. Das können Schulen, Weiterbildungsträger, Geschichtsgruppen, Bürgerhäuser, Firmen, Buchverlage oder interessierte Hobbyhistoriker sein.

Insgesamt kann so der Bestand der Fotosammlung im kritischen Diskurs der Ausbildung eines historischen Bewusstseins dienen.

Zum Aufbau des Buches

Das Fotoarchiv der ehemaligen Landesbildstelle ist ein ungeheurer und immer wieder neu zu hebender Schatz an visuellem »Erinnerungspotenzial«, aus ganz unterschiedlichen und vielfältigen Bereichen der Bremer Geschichte. Grundidee dieser Publikation ist es, einen kommentierten Einblick in diesen Schatz zu bieten.

Die abgebildeten Fotodokumente stammen aus der Zeit von 1890 bis 1950, geplant ist ein zweiter Band mit Aufnahmen aus den Jahren 1950 bis 2000. Die Bilder sind inhaltlich kommentiert und werden – zumindest in Ansätzen – auch gestalterisch analysiert. Die Publikation richtet sich an eine – historisch wie fotografisch – interessierte Öffentlichkeit, der Stil ist populär, unterhaltsam, informativ, soll aber natürlich gleichzeitig akademischen Ansprüchen genügen.

Der Band ist in folgende Themenbereiche gegliedert:

• Stadtansichten – Bilder der Stadt, Stadtbilder, Impressionen aus Bremen (Innenstadt, Roland, Dom, Rathaus); aus den Vorstädten (Ostertor/Steintor, westliche Vorstadt, Doventor, Stephaniviertel/Gängeviertel);

• Die Weser – Lebensader Bremens (von der Schlachte zu den neuen Hafengebieten, Flusslandschaften, Handelsgüter aus Bremen);

• Von der Politik (Kaiserreich und Erster Weltkrieg, Nazidiktatur und Zweiter Weltkrieg, Nachkriegszeit und Wiederaufbau);

• Alltag (die »kleinen« Leute, Straßenszenen, Sport und Schule, Freizeit und Ausflüge).

Literatur

Cornelia Brink: Ikonen der Vernichtung. Öffentlicher Gebrauch von Fotografien aus nationalsozialistischen Konzentrationslagern nach 1945, Berlin: Akademie Verlag 1998.

Andreas Feininger: That's Photography, ed. by Thomas Buchsteiner and Otto Letze, Ostfildern-Ruit: Hatje Cantz Verlag 2004.

Harald Goergens/Alfred Löhr: Bilder für alle. Bremer Photographie im 19. Jahrhundert [= Hefte des Focke-Museums Nr. 68], Bremen: Bremer Landesmuseum für Kunst und Kulturgeschichte – Focke-Museum 1985.

Habbo Knoch: Fenster der Tat, in: Schulze/Wiedemann, p. 13–34.

Haus der Geschichte der Bundesrepublik Deutschland (Hg.): Bilder, die lügen, Bonn: Bouvier Verlag, 3. Aufl. 2003.

Landesbildstelle Bremen: 60 Jahre Bildstellenarbeit in Bremen, Broschüre November 1984.

Robert Lebeck/Bodo von Dewitz: Kiosk. Eine Geschichte der Fotoreportage 1839–1973, Ausstellungskatalog, Göttingen: Steidl Verlag 2001.

Gerhard Paul (Hg.): Das Jahrhundert der Bilder, 2 Bände, Göttingen: Vandenhoeck & Ruprecht 2008.

Gerhard Paul (Hg.): Visual History. Ein Studienbuch, Göttingen: Vandenhoeck & Ruprecht 2006.

Rainer Schulze/Wilfried Wiedemann (Hg.): AugenZeugen. Fotos, Filme und Zeitzeugenberichte in der neuen Dauerausstellung der Gedenkstätte Bergen-Belsen. Hintergrund und Kontext, Stiftung niedersächsische Gedenkstätten 2007.

Jorge Semprun: Schreiben oder Leben (1994), Frankfurt/M.: Suhrkamp 1997.

Unter den Rathausarkaden 1960,
Foto von Hinrich Meyer

Stadtansichten

Natürlich präsentiert sich auch die Stadt in Bildern – und wird repräsentiert. Fotografien zeigen Orte und Situationen, Sehenswürdigkeiten, Gebäude, Straßen und Plätze. Im Vergleich fällt auf, was früher anders war, was sich im Laufe der Zeit geändert hat. So gesehen sind Fotografien auch Dokumente des Wandels der Stadt und in der Stadt. Was ist verschwunden, warum ist es verschwunden, was ist an die Stelle getreten? Welche städtische Wirklichkeit hat der Fotograf abgebildet, wie hat er durch seine Bildgestaltung interpretiert? Das folgende Kapitel stellt einen Streifzug durch die historische Stadt dar, Vergangenes wird lebendig und unter der Fragestellung behandelt, welche Informationen uns »alte« Stadtansichten geben. Neben der »klassischen« Einordnung mittels Datierung, Erschließung des Bildinhalts, Informationen über den Fotografen, muss eine umfassende Kontextualisierung auch auf Wirkungsweise und -absicht eingehen und das Bild in einen generellen Deutungszusammenhang stellen. Durch genaues Hinsehen sollen auch die verborgenen Botschaften und die ihr zugrunde liegenden Gestaltungsweisen entschlüsselt werden.

Aufnahme des Bremer Markplatzes aus dem Jahre 1888. Die Ausbreitung der Fotografie war damals schon in vollem Gange. Als Motive boten sich für die Fotografen die markanten Orte der Stadt an, die Symbole des wirtschaftlichen, politischen, religiösen und kulturellen Lebens, also der Marktplatz mit Rathaus und Roland, Börse, die Kirchen, die repräsentativen Bürgerhäuser.

Im Zentrum des Bildes steht das Marktgeschehen, an Buden und Ständen werden rund um den Roland Waren verkauft. Auch unter den Arkaden befinden sich Verkaufsstände. Bauern aus den zu Bremen gehörenden Dörfern wie Arsten, Hastedt und Schwachhausen oder den nahen preußischen Landgebieten bieten ihre landwirtschaftlichen Produkte feil. Im Vordergrund kreuzt eine Kutsche den Marktplatz in Richtung Langenstraße, oben links fährt die Straßenbahn. Ab 1876 führten mehrere Linien der Bremer Pferdebahn über den Marktplatz von Walle nach Hastedt, vom Domshof über die Kaiserbrücke in die Neustadt und die Ringbahn über Bahnhof, Am Dobben, Markt und Nordstraße. Ab 1893 wurden die Linien nach einem Probelauf anlässlich der Nordwestdeutschen Gewerbe- und Industrieausstellung im Jahr zuvor auf der Bürgerweide elektrifiziert.Der Marktplatz zeigt sich so auch als wichtiger Verkehrsknotenpunkt, hier begegnen sich ländliche Leiterwagen, Kutschen und die Pferdebahn als Transportmittel des beginnenden urbanen Massenverkehrs.

Eingerahmt wird der Marktplatz im Westen von prächtigen bürgerlichen Giebelhäusern, unter anderem der Rathsapotheke. Die Giebelhäuser an der Ostseite des Platzes waren schon 1862 abgerissen worden, um für die Neue Börse Raum zu schaffen. Links neben dem Rathaus kann man auf dem Liebfrauenkirchhof noch die Alte Börse sehen. Hier fanden neben dem Warenhandel auch Makler-, Wechsel-, Kredit- und Aktiengeschäfte statt. Geradezu historischen Wert hat die vorliegende Aufnahme, denn die Alte Börse brannte 1888 aus und wurde abgerissen.

An der Ecke Marktplatz und Obernstraße stand bis 1828 der repräsentative Renaissancebau des »Weinhauses«, das inzwischen einem eher schmucklosen Gebäude zur Lagerung von Bettfedern und zum Handel mit Textilwaren Platz machen musste.

Die Kamera hielt den Blick aus einem Fenster der Häuser an der süd-östlichen Seite des Marktplatzes fest. Das dabei entstandene Fotodokument ist Ende des 19. Jahrhunderts auch als Postkarte vertrieben worden. Mittels dieses neuen Mediums betrieben die Schreiber mit ihren Grüßen ungewollt auch eine Art »Image-Werbung« für die Hansestadt. Rathaus, Roland und Bürgerhäuser vermitteln das Bild einer Stadt mit Tradition, Neue Börse und Straßenbahn bezeugten den Wandel zur Moderne.

1885

Das Motiv der Ansichtspostkarte von 1900 ist bekannt: die Sicht auf den St. Petri Dom vom Marktplatz aus. Der Dom wird eingerahmt von der 1864 fertiggestellten neogotischen Neuen Börse und Rathaus und Roland, davor ein Wagen der Pferdebahn. Ab 1876 gab es mehrere Linien der Bremer Pferdebahn, die über den Marktplatz liefen, die von Walle nach Hastedt, die vom Domshof über die Kaiserbrücke in die Neustadt und die Ringbahn (Bahnhof, Am Dobben, Markt, Nordstraße). Es scheint so, als ob der Marktplatz mit Gaslampen erleuchtet ist. Nun ist eine Ansichtskarte kein Medium, das die Wirklichkeit dokumentiert. Kriterien ihrer Gestaltung sind eher andere: Erzeugung einer bestimmten Stimmung, Vermittlung von Gefühlen, Verkaufbarkeit. In Bremen war die Umstellung auf Elektrizität bereits eingeleitet, ein Elektrizitätswerk wurde 1893 gebaut, zwei Jahre später beleuchteten schon neue elektrisch gespeiste Bogenlampen Prestigeobjekte und Repräsentationsbauten wie die Neue Börse und das Stadthaus. Der Schreiber datiert seinen Gruß aus Bremen auf das Jahr 1900, die Ansichtskarte ist entweder demnach deutlich älter (ca. 1890) oder sie vermittelt ein romantisches, verklärendes, nicht den Realitäten entsprechendes Bild. Vor dem Dom steht der Wilhadi-Brunnen (1880 gebaut).

Die zweite, 1899 geschriebene Ansichtskarte zeigt den Marktplatz mit regem Treiben, im Anschnitt links der Dom, daran anschließend der Schütting und die Bürgerhäuser an der Westseite des Platzes und das Rathaus im Anschnitt rechts. Dominiert wird das Bild vom Wilhadi-Brunnen des Berliner Bildhauers Richard Neumann. Der Brunnen ist ein Denkmal für den ersten Bremer Bischof, Willehad. Als Bauherr des Doms trägt er Hammer und Winkelmaß, dabei steht er auf einem mit Putten und Wasser speienden Löwen dekorierten Sockel. Er füllt die Bildmitte aus und blickt, den rechten Arm zum Segen erhoben, auf das bunte Treiben auf dem Marktplatz, vor allem aber auf das wunderschöne Ensemble rundherum. Eine sagenumwobene, legendenhafte Figur der Bremer Geschichte wie Willehad wird hier im Ambiente prestigeträchtiger und historischer Bauten wie dem Schütting und den Kaufmannshäusern inszeniert. Auf diese Weise stellt sie Bremen in eine enge Verbindung mit der deutschen Geschichte und zeigt den Wohlstand und die »Kultur« seiner Bürger.

Bemerkenswert ist das Design der beiden Karten selber: Die meisten Postkarten besaßen auch die heute noch vorherrschende rechteckige Form und variierten das Format nur innerhalb eines geringen Spielraums. Doch auch innerhalb dieses Rechtecks waren der Fantasie der Gestalter kaum Grenzen gesetzt. Neben zahlreichen Applikationen gab es vielfältige raffinierte Techniken und Mechanismen, mit deren Hilfe die Ansichtskarten attraktiver gemacht werden sollten. Die Details wurden vielfach in gering entlohnter Heimarbeit zusammengesetzt oder auf die Karten aufgebracht.

Die beiden gezeigten Exemplare sind »Halt-gegen-das Licht-Karten«, für die zunächst nach Fotos gefertigte Lichtdrucke hergestellt wurden. Um die Illusion eines Nachtbildes zu erzeugen, wurden sie bläulich dunkel überdruckt. Hinter den zuvor ausgestanzten Fenstern, Mondsicheln und Lampen kann so der helle Hintergrund hervortreten. In noch aufwendigeren Varianten klebt hinter der Vorderseite dünnes Farbpapier, das, vor eine Lichtquelle gehalten, den Anschein tatsächlich leuchtender Fenster, Lampen und Monde erweckt. Das Ziel dieser Technik mochte eine realitätsgerechtere Abbildung gewesen sein, die Wirkung erscheint heute jedoch romantisierend.

Domansicht vom Markte aus.
Gruss aus Bremen.

Markt.
Gruss aus Bremen.

Als die Hersteller und Vertreiber merkten, welch gutes Geschäft mit Postkarten zu machen war, lag es für sie nahe, durch immer neue Einfälle den erfreulichen Umsatz noch weiter zu steigern. Neben den schon länger bestehenden Stereopostkarten und Ausziehkarten (Leporellos) kamen zum Ende des 19. Jahrhunderts die Seiden- und Satinkarten auf den Markt. In Deutschland gab es eine imitierte Variante, für die Seidenstruktur auf eine Pappkarte geprägt und mit Silber überzogen wurde.

Einen ähnlichen optischen Effekt erzielte man, indem man Foto-Negative wie Positive auf Hochglanzpapier abzog. Eine solche Negativ-Hochglanzpostkarte zeigt hier den Herdentorsteinweg in einer künstlerischen Darstellung.

Ursprünglich war der Herdentorsteinweg die Verbindung der Stadt zur Bürgerweide. Hier trieb man die »Herden« von Vieh zur Allmende auf der Bürgerweide. Zusätzliche Bedeutung gewann der Weg, als 1812/13 der Herdentorfriedhof im Bereich des heutigen Gustav-Deetjen-Parks angelegt wurde. Zu der Zeit standen hier ungefähr 30 kleinere Häuser. Nach der Einweihung des Hannoverschen Bahnhofs 1847 wurde der Herdentorsteinweg zu einer Prachtstraße ausgebaut. In diesem Kontext ließ der zunächst in der Neustadt ansässige Gastwirt Johann Heinrich Hillmann sein gleichnamiges Hotel am Herdentor bauen. Es wurde mehrmals umgebaut und war bald das vornehmste Hotel in Bremen. Um 1900, dem Zeitpunkt der Aufnahme, auf der links hinter den Bäumen die Straßenfront zu sehen ist, besaß es um die 300 Betten. 1944 wurde es zerstört.

Die Postkarte versucht, das großstädtische Flair der Straße einzufangen, insbesondere die Architektur beeindruckt. Das Straßenleben selbst macht jedoch auf den heutigen Betrachter eher einen beschaulichen Eindruck.

Bremen, Heerdenthorssteinweg
Verlag Willi Meyer, Bremen

Wie die Balgebrückstraße seit 1961 in gerader Linie auf die heutige Wilhelm-Kaisen-Brücke zuläuft, führte jahrhundertelang die zentrale Verbindung vom Markt zur Großen Weserbrücke durch die Wachtstraße (vor 1895: Börsenbrückstraße). Kam man also früher aus der Neustadt über die Brücke in die Altstadt, so führte der Weg auf die 1864 eingeweihte Neue Börse zu, zu sehen in der Bildmitte mit den heute noch erhaltenen Arkaden. Die Domtürme überragen die Szenerie, rechts der 1897–99 errichtete Vierungsturm auf dem nördlichen Querschiff.

Auffällig in der Bildkomposition ist die Baustelle in der Bildmitte, wo die Arbeiten an der 1902 fertiggestellten Baumwollbörse begonnen haben. Die Postkarte aus dem Jahr 1899 dokumentiert somit als Momentaufnahme einen besonderen Einschnitt in das Bild der Stadt. Bald darauf wird die große Baumwollbörse den Blick verstellen und das Stadtbild kräftig verändern.

Hinter der Brücke schließt sich auf der Altstadtseite ein kleiner Platz an. Die Häuserzeile auf der linken Seite weist eine Vielzahl unterschiedlicher Architekturtypen auf: Traditionelle Kaumannshäuser stehen neben modern gründerzeitlich gestalteten Fassaden, hinten links sind vertikale Giebelhäuser der Altstadt zu erkennen.

Als Hauptachse zwischen Markt und Neustadt stellte die Wachtstraße aufgrund ihres hohen Publikumsverkehrs auch eine hervorragende Geschäftslage dar. Entsprechend verzeichnet das Adressbuch der Zeit eine ganze Reihe von Kaufhäusern für Manufakturwaren oder Textilien, die sich auf Tuch, Herrengarderobe, Strumpfwaren, »Galanterie-« oder »Weißwaaren« und Tapisserie spezialisiert hatten. Daneben warteten Papier-, Tabak- und Kolonialwaren, aber auch Cigarrenfabriken, Bierhallen und Restaurationen sowie Schlachter und Verlagsbuchhändler auf Kundschaft. Wo jetzt noch der kleine Kiosk im Schweizer Stil steht, wird ab 1903 der kaufmännische Verein »Union«, der sich der Bildung durch wissenschaftliche Vorträge und Konzerte verschrieben hatte, sein Klubhaus bauen.

Wie auch auf den anderen Postkarten benutzten die Schreiber durchaus auch die »Ansichts«-Seite der Karte für ihre Grüße. Die ehemaligen »Correspondenz-Karten« wurden in den 1880er Jahren auf der Vorderseite mit einem Bild versehen, die Ansichtskartenindustrie wuchs schnell. Noch vor der Jahrhundertwende setzte sich das neue Medium »Ansichtskarte« durch, nicht zuletzt durch die Nutzung neuerer Druckverfahren im großen Stil. Ab dieser Zeit wurde hauptsächlich das mehrfarbige Druckverfahren der Chromolithografie verwendet, zuvor waren Ansichtskarten fast immer einfarbig, meistens in Sepiatönen gedruckt. Die Karten waren zu einem relativ geringen Preis erhältlich und mochten manche Absender auf den Gedanken gebracht haben, auf das Verfassen einiger Sätze zur Stadt- oder Landschaftsbeschreibung getrost verzichten zu können. In vielen Tabak- und Schreibwarenläden waren Ansichtskarten zu kaufen, was zu ihrer weiteren Popularisierung stark beitrug. Sie wurden künstlerisch gestaltet, der Mode entsprechend verziert, bemalt, mit Schablonen handkoloriert und damit dem Publikumsgeschmack angepasst. Sie waren ein Medium, das verkauft werden wollte.

PHOT. & VERL. V. LOUIS KOCH BREMEN
Bremen Wachtstraße, Dom und Börse.
Liebe Sophie!

Wie bedeutend in der Struktur der Stadt die Große Weserbrücke, die noch in die Wachtstraße mündet, als zentrale Verbindung der Alt- mit der Neustadt war, zeigt das 1935 von Oberbaurat Lempe aufgenommene Foto auf beeindruckende Weise: Der Fotograf hat ihr in seiner Bildkomposition als mächtige Diagonale eine dominante Rolle zugewiesen.

In früheren Zeiten wurde die Weser in diesem Bereich mit Fähren und bei niedrigem Wasserstand auch auf Furten überquert. 1244 wird zum ersten Mal eine Weserbrücke erwähnt.

Eine Erneuerung der alten Börsenbrücke war durch die 1885 begonnene Weservertiefung notwendig geworden. Die hier abgebildete Große Weserbrücke wurde 1893–95 mit zwei Strompfeilern und zwei dekorativen, mit Wappen geschmückten Portalbauten errichtet. Die Zugänge flankierten Obelisken mit bronzenen Löwenköpfen. Vom 1. April 1933 an hieß sie »Adolf-Hitler-Brücke«, das aber nur bis 1939 als dieser Name auf die soeben fertiggestellte neue imposante »Westbrücke« (mit Verlauf der heutigen Stephanibrücke) überging. Die alte Brücke hieß dann »Lüderitzbrücke«.

Das dominante Gebäude am rechten Eingang zur Wachtstraße zeigt das Haus der Union, des kaufmännischen Bildungs- und Kulturvereins, der mehr als 2000 Mitglieder zählte. Links neben den Domtürmen ragt der Turm der Baumwollbörse ins Bild. Am Ende der Wachtstraße vollendet dann die Neue Börse die Reihe der versammelten Imponierbauten. Am linken Treppenabgang der Brücke erinnert das 1907 gebaute Denkmal an den vier Jahre zuvor verstorbenen Oberbaudirektor Ludwig Franzius, den Planer und Durchführer der »Weserkorrektion«. Rechts stehen Pack- und Kontorhäuser noch direkt am Weserufer und waren für den direkten Umschlag vom Schiff in die Speicher errichtet worden.

Friedrich Lempe war seit 1920 Oberbaurat in Bremen und ab 1932 Leiter des Stadtplanungsamtes. In den 1920er und -30er Jahren war sein Name auch über Bremens Grenzen hinaus im deutschlandweiten Bauwesen bekannt. Er fungierte unter anderem als »Fachpreisrichter« in einer Jury, die Bebauungspläne und Architektenentwürfe bewertete und dafür Geldpreise vergab. Er saß in der Jury, die den Wettbewerb für den Postneubau am Hauptbahnhof 1922 betreute und 1930 den für die Bebauung des Grundstückes Utbremer Ring.

Lemke kann auch als einer der Vordenker der später heftig umstrittenen Planung der »Mozarttrasse« angesehen werden. Bereits in der Veröffentlichung »Stadt- und Landesplanung 1926–1930« konstatierte er eine »nicht mehr lange ertragbare« Verkehrsbelastung des Bereichs der östlichen Vorstadt. Er schlug ein System von Fernstraßen vor, welche den historischen Stadtkern und die Wallanlagen wie ein Tangentensystem umschließen und in der »Gegend der Mozartstraße bzw. der Reederstraße die Weser überschreiten« sollten. Auf der anderen Seite setzte sich Lempe als »Sachverständiger zum Schutze des Straßen- und Landschaftsbildes« für den Erhalt des Bremer Hauses und die Pflege des traditionellen Stadtbildes ein.

Es ist nicht zu ermitteln, ob er im Auftrag der Baubehörde städtische Situationen und Entwicklungen fotografisch dokumentiert hat, zumindest ist aber zu vermuten, dass seine Aufnahmen »offizielle« oder wenigstens »halb offizielle« Bilder waren; gerade im Baubereich war ein (privates) Interesse an Fotografie weit verbreitet.

Dies Foto stammt aus dem Jahre 1908/09 und wurde von Wilhelm Kuhlmann aufgenommen. Kuhlmann war von 1930 bis 1933 als selbstständiger Fotograf mit Atelier in der Pappelstraße 82 in der Neustadt eingetragen und arbeitete auch für die Landesbildstelle. Die Fotografen der Landesbildstelle hatten neben dem Aufbau einer Film- und Bildsammlung auch den Auftrag, regelmäßig die Veränderungen in der Stadt fotografisch zu dokumentieren und den schulischen Alltag wie auch politische Großereignisse festzuhalten.

Kuhlmanns Bild zeigt die Westseite des Alten Rathauses mit dem 1893 auf dem Liebfrauenkirchhof eingeweihten Kaiser-Wilhelm-Denkmal. Kaiser Wilhelm sitzt hoch zu Ross in imperialer Pose mit kaiserlichem Lorbeerkranz auf dem Haupt. Zu Füßen des Steinsockels sind links der Meeresgott Neptun als Schutzpatron der Seefahrer mit dem Dreizack, rechts der Reichsadler mit Wappen und Speer eingemeißelt. Auf der abgewandten Seite komplettiert die Figur der Brema als Personifikation der Stadt Bremen das Ensemble. Hier ist sie als die Arme huldvoll ausbreitende Grazie gestaltet. Den Eingang zur Unteren Rathaushalle bewachen zwei Ritter, gelegentlich auch als »Landsknechte« bezeichnet. Diese stellte man dort 1904 als Pendant zu den Herolden am Ostportal auf, die 1900 die Eingangshalle der deutschen Abteilung der Pariser Weltausstellung geziert hatten. Links ragt der Schornstein des Kaminzimmers auf dem Dach empor, dahinter die Domtürme. Ganz links ist die Rückfront des alten Stadthauses zu erkennen, in dem Behörden, Gerichte und die Polizei untergebracht waren. Es wurde 1909 abgebrochen, um für das Neue Rathaus Platz zu machen. Auf der rechten Bildseite steht auf der Ostseite des Marktplatzes die Neue Börse, dahinter der charakteristische Turm der Baumwollbörse.

Im 19. Jahrhundert wurde der öffentliche Raum inszeniert, Denkmäler aus Bronze oder Stein aufgestellt, Straßen, Plätze und Gebäude zu ästhetischen Ensembles kombiniert. Symbolhaft zeigt das Bild die Verbundenheit Bremens (Rathaus, Brema) mit dem deutschen Kaiserreich (Kaiser Wilhelm, Reichsadler). Für eine eigentlich dem Liberalismus und Republikanismus verpflichtete Hansestadt mutet die Verehrung des deutschen Reiches und die Huldigung seiner Protagonisten – Bismarck und Kaiser Friedrich ehrte die Stadt mit je einem Reiterdenkmal auf dem Domshof und an der Kaiser-Friedrich-Straße (heute Slevogtstraße), den preußischen General Moltke verewigte man auf einem Relief an der Liebfrauenkirche – erstaunlich an. Offensichtlich ist das Bemühen, durch Inszenierungen im öffentlichen Raum wie auch durch häufige Besuche des Kaisers nach dem Zollanschluss 1888, Bremen in ein nationalistisches und kaisertreues Fahrwasser zu leiten, woran vor allem Teile der Kaufmannschaft, die ein Interesse am expansiven Erwerb neuer Kolonien hatten, und solche der Industrie, die mit dem Schiffbau verbunden waren (maritime Aufrüstung), wie die politische Führung beteiligt waren. Flottenverein und Kolonialverein gewannen zunehmend politischen Einfluss. Diese Inszenierungen prägten nicht nur das kulturelle Erscheinungsbild der Stadtlandschaften, sondern konstruierten eine Traditionslinie des deutschen Kaiserreiches von 1871 bis zu den Kaisern des Heiligen Römischen Reiches und letztlich Karl dem Großen. In diesem Sinne waren sie konsens- und identitätsstiftende Symboliken mit legitimierendem Charakter neuer – und anfänglich nicht immer unumstrittener – Nationalstaatlichkeit mit preußischem Kaisertum. So waren die meisten Bremer 1914 bei Kriegsbeginn nicht nur Bremer, sondern gleichzeitig auch gute Deutsche.

Für dieses Foto kletterte Oberbaurat Lempe 1935 auf den Turm der Ansgariikirche. Die Perspektive von oben ermöglichte es ihm, visuell die Verbindung von Hutfilter- und Faulenstraße, also des Marktplatzes mit den westlichen Stadtteilen, eindrücklich festzuhalten. Der Blick geht die Hutfilterstraße hinunter über die Brill-Kreuzung in die Faulenstraße hinein. Die Faulenstraße führte von der Innenstadt über das Stephani- und Doventor in den Bremer Westen. Quer dazu stellten Kaiserbrücke und -straße die Verbindung über den Brill von der Neustadt zum Hauptbahnhof her. Der Name Hutfilterstraße verweist auf die Produktion von Hüten aus Filz, die dort stattgefunden hat, wie überhaupt rund um die Ansgariikirche etliche Handwerksämter (= Zünfte) ansässig waren. Im Geschäftshaus Schulze & Co. in der Hutfilterstraße 21 wird »Herrenkonfektion« angeboten. Die Kuppel rechts an der Brill-Kreuzung ziert den 1906 im historistischen Stil errichteten, am Barock orientierten Neubau der Hauptgeschäftsstelle der Sparkasse. Das große Gebäude gegenüber ist das »Rolandhaus« mit dem 1930 dort angesiedelten Textilkaufhaus von Brenninkmeyer (C&A), rechts daneben kleine Giebelhäuser. An der Ecke Brill/Kaiserstraße ist das traditionsreiche Manufakturwarengeschäft von Gerhard Wührmann, später Betten- und Aussteuergeschäft, zu sehen. Auf der Weser liegt eine Reihe von Binnenschiffen, der Leitdamm des Hohentorshafens ist gut zu erkennen, ebenso die 1867 eingeweihte Eisenbahnbrücke. Hinter der Stephanikirche öffnet sich der Blick weit auf die Hafenareale im Bremer Westen, auf der linken Weserseite die Stadtteile Woltmershausen (mit dem Turm der Christuskirche) und Rablinghausen.

C&A
Schulze & Co

Blick nach Westen im Jahr 1920. Der Fotograf steht auf dem nördlichen Turm des Domes, rechts das Dach des Rathauses, links das der Neuen Börse, in der Mitte Markttreiben rund um den Roland. Der Blick fällt wesentlich in Richtung Langenstraße, Sitz alter Kaufmannshäuser und bedeutender Handelsfirmen, am Eingang links das »Kontorhaus«, in dem Büros von Handelsunternehmen untergebracht waren. Rund um den Marktplatz hatte sich eine historisierende Bauweise zum Ende des 19. Jahrhunderts weitgehend durchgesetzt. Der Handelskammer zum Beispiel erschien der Schütting zu unansehnlich, sie beschloss daher 1895, die Marktfront des Gebäudes repräsentativ umzugestalten. Der Eingang wurde auf drei Achsen erweitert, mit den Wappen der Hansestädte Hamburg, Bergen, Brügge, London, Nowgorod und Lübeck über den Fenstern versehen und, die bremische Weltläufigkeit betonend, das Eingangsportal prunkvoll verziert und der Spruch »Buten und Binnen – Wagen und Winnen« darüber angebracht. Auch an der Westseite des Marktplatzes sind fast zeitgleich weitere historisierende Bauelemente entstanden. Die Rathsapotheke, das Doppelhaus rechts von der Langenstraße, war 1893 abgebrannt. Anstelle des schlichten klassizistischen Baus aus den Anfängen des 19. Jahrhunderts wurde mit finanziellen Mitteln der Stadt und des »Petroleumkönigs« Franz Schütte ein Neubau im Stil der Neorenaissance mit Runderker und gewölbten Treppengiebeln errichtet. Links am Eingang zur Obernstraße das alte Ratscafé, jetzt Ratsstuben. Rechter Hand an der Obernstraße 1, Ecke Liebfrauenkirchhof das Aussteuergeschäft C. von Hütschler & Streckewald, das eine Bettenausstellung anpreist. Auf diesem Gelände zwischen Liebfrauenkirchhof und Sögestraße stand einst das erste Bremer Rathaus, das dann von dem 1410 fertiggestellten heutigen Bau abgelöst wurde. Links ragt der Turm der Martinikirche und rechts der der Ansgariikirche auf, am Horizont ist gerade noch die Wilhadi-Kirche in der Waller Vorstadt zu erkennen. Erwähnenswert noch die qualmenden Schornsteine der Kaiserbrauerei Beck & Co. auf der linken Weserseite.

Die um 1905 zu datierende Aufnahme ist vom »Spitzenkiel« in Blickrichtung der Ansgaritorswallstraße und der Gasse Wegesende (rechts) fotografiert. Die schmale Ansgaritorswallstraße durfte nur in einer Richtung befahren werden, was auch der exakt formulierte Hinweis an der Hausfront am Eingang mit den Worten »Fuhrwerke dürfen von hier nicht in die Ansgaritorswallstraße einfahren« deutlich macht – einheitliche Straßenschilder waren noch nicht erfunden. »Wegesende« bedeutet, dass hier ursprünglich der Straßenverlauf an der alten Stadtmauer endete. Durch die Gassenflucht blicken wir auf die Front einer 1903 eröffneten Kolonialwaren- und Delikatessenhandlung. Dort schlossen sich Knochenhauer- und Pelzerstraße an. Die eine – seit 1374 als Knokenhowerstrate bekannt – war die Straße der Schlachter und entwickelte sich im Laufe des 19. Jahrhunderts zu einer Straße der Handwerksbetriebe und Gaststätten, in der anderen befand sich das Amtshaus der Kürschner, der Handwerker, die Tierfelle zu Pelzbekleidung und anderen Pelzprodukten verarbeiteten, weswegen sie auch Pelzer genannt wurden. Während sich die nahe Obernstraße im 19. Jahrhundert zu einer reinen Geschäftsstraße entwickelte, lebte in den dunklen Straßen dieser Ecke der Altstadt um 1900 noch ein beträchtlicher Teil Wohnbevölkerung.

Fotografieren war damals noch etwas Besonderes: Neugierig und ein wenig skeptisch betrachtet der Junge links im Vordergrund das Tun des Fotografen.

Wir gehen davon aus, dass es sich bei dieser Aufnahme um eine Fotogravur handelt, auch Photogravüre, Klicotypie oder Sonnendruck genannt, da Reproduktionen des Bildes häufiger zu finden sind. Der Begriff bezeichnet ein fotografisches Druckverfahren, mit dem Fotos und Illustrationen leichter vervielfältigt werden können. Offensichtlich gab es mit dem beginnenden 20. Jahrhundert eine steigende Nachfrage nach reproduzierten Fotografien.

»Insofern jeder ein Pilger ist, der sich außerhalb seines Vaterlandes befindet«, sagt der große italienische Dichter Dante, weil man auf Erden kein Vaterland habe, sondern nur als Pilger dort lebe. Jakobspilger auf dem Weg ins galicische Santiago de Compostela waren die verbreitetsten abendländischen Pilger. Insgesamt vier Statuen in der Stadt sowie etliche Namen wie Jacobi-Kirche und Jacobi-Hallen erinnern an sie. Dieser Brunnen mit der Figur des Jakobs-Pilgers stand auf dem Jacobi-Kirchhof. Das Foto datiert von 1890 und zeigt den steinernen Jakobspilger mit breitkrempigem Hut und der Jakobsmuschel, mit langem, schwerem Umhang, Pilgerstab, Reisetasche und Trinkflasche. Das Grab des heiligen Jakob stellte im Mittelalter neben Rom und Jerusalem die wichtigste Pilgerstätte dar. In Bremen gab es eine lebhafte Verehrung des heiligen Jacobus, in etlichen Kirchen fanden sich dem Jacobus geweihte Altäre, die zum Beispiel 1299 in Ansgarii, 1360 im Dom, 1368 in Unser Lieben Frauen gestiftet wurden. Und sogar eine richtige Reliquie soll es in Bremen in früherer Zeit gegeben haben, eine Hand des Apostels Jacobus, die der Erzbischof Adalbert höchstpersönlich von einer Reise nach Italien mitgebracht hatte. Lange wurde sie im Dom aufbewahrt und ist schließlich in die Hände von Kaiser Heinrich IV. gelangt.

Natürlich wurde dem heiligen Jacobus auch eine Kirche gewidmet, die Jacobi-Kirche in der Altstadt, zwischen Weser und Ansgarii-Kirchhof. Es lag nahe, dass eine Handel treibende, der Seefahrt verpflichtete Hafenstadt wie Bremen Jacobus verehrte, denn er war der Schutzpatron der Seefahrer, fernhandelnden Kaufleute und Reisenden, die in die Fremde zogen, aber auch der Pilger. In der Stadt selber betreute die Jakobus-Brüderschaft die Pilger, in »Xenodochien«, den Gasthäusern für Fremde, denn der griechische Xenos war nicht nur ein Fremder, sondern zugleich auch ein Gast.

Für Lastfuhrwerke
Einfahrt verboten.
Die Polizeidirektion.
remen 1890 - Am Jakobikirchhof

In diesem Bild sehen wir den Vierungsturm des Domkapitels in einer Fluchtlinie zwischen den Domtürmen. Davor die Treppengiebel des Gemeindehauses von St. Petri, gegenüber dem Haus Vorwärts in der Sandstraße. Wahrscheinlich wurde aus einem rückseitigen Raum eines der Gebäude Am Wall fotografiert. Die Kamera jedenfalls blickt von einer erhöhten Position aus über das Viertel von Ostertorswallstraße, Bürger- und Violenstraße, Bucht- und Sandstraße. Dieses war ein stark gemischtes Viertel mit einem sehr alten Häuserbestand. Das Domizil von Bürgermeister Christian Abraham Heineken in der Sandstraße etwa stammte aus dem späten 16. Jahrhundert, heute ist es der Sitz des Amtes für Denkmalpflege. Nachdem zu Beginn des 19. Jahrhunderts die alten Befestigungsanlagen als »Wallanlagen« in einen Park verwandelt worden waren, entstand auf der Altstadtseite entlang des vormaligen Wallrings eine lange Reihe von mehr als 200 teils sehr ansehnlichen Bürgerhäusern. Auf der der Stadt zugewandten Seite gingen vom Ostertorsteinweg jedoch auch schmale, enge Gassen wie der Kuhgang oder der Glockengang ab. Neben Kleingewerbe und Handwerksbetrieben, in der Buchtstraße war zum Beispiel eine Posamentenwerkstatt ansässig, lebten dort viele Bewohner in sehr ärmlichen Verhältnissen. Hierfür steht die Frau im Vordergrund, die auf dem Dachbalkon ihre Wäsche aufhängt. Schon gegen Ende des 19. Jahrhunderts vertraten Sozialreformer die Auffassung, dass Bildung auch den ärmeren Schichten einen sozialen Aufstieg ermögliche. In Bremen allerdings blieb Fortbildung zur Verbesserung der materiellen Lage auf private Initiative angewiesen. Der Verein Vorwärts beispielsweise organisierte über Jahrzehnte Kurse in Schreiben, Rechnen, Buchhaltung, technischem Zeichen, Fremdsprachen, Mathematik, Singen und Turnen.

1942 waren weite Teile der Altstadt noch intakt. Ein Jahr vorher hatte die Bauverwaltung eine »Verordnung über die Neugestaltung der Hansestadt Bremen« vorgelegt, nach der man unter anderem die Große Weserbrücke in die Balgebrückstraße fortführen wollte. Der Zugang zur Brücke war von der Violenstraße über die Domsheide vorgesehen. Außerdem sollte ein Straßenzug vom Herdentor über den Liebfrauenkirchhof zur Weser angelegt werden. Zusätzlich plante man eine neue imposante Verbindung vom Bahnhof über den Stavendamm zur Tieferbrücke in der Neustadt, die den Wall mit einem Tunnel durchqueren sollte. Keines dieser Planspiele wurde Wirklichkeit und stattdessen ging das Gesicht des Viertels durch Kriegszerstörungen und den Bauboom des Wirtschaftswunders für immer verloren.
Foto von Magnus Iken, Ende der 1930er Jahre

Der soziale Kontrast zu den bürgerlichen Vierteln (vgl. S. 46 ff.) findet sich in historischen Fotos vom Stephaniviertel wieder, zum Beispiel in denen vom Wendtgang (rechts) und der Wichelnburg, in den 1930er Jahren ein kleines Sträßchen mit Packhäusern und kleinen Gewerbebetrieben (unten). Die Gänge waren die proletarischen Armenviertel, vor allem im Schnoor, dem Stephaniviertel und der Neustadt. Kaufleute und Unternehmer ließen sie als Mietobjekte errichten, die gelegentlich nach ihnen selbst benannt wurden. Die Häuser hatten im Erdgeschoss ein bis zwei Räume und waren nicht unterkellert. Manchmal gab es noch winzige Räume unter dem Dach. In die Häuser der engen Gassen konnte kaum Licht einfallen und Zug für Frischluftzufuhr entstehen. Sozialreformer sprachen um die Jahrhundertwende von Elendsquartieren.

Das Bild rechts wird mittig durch den Gang gegliedert. Junge und alte Bewohner blicken in Richtung des Fotografen, eine Kamera macht noch immer neugierig: Das Viertel scheint belebt, ein starker sozialer Zusammenhalt kann ebenso vermutet werden wie viel Konfliktpotenzial. Hohe Bevölkerungsdichte und Überbelegung der kleinen Wohnungen durch Untervermietung etwa an Kostgänger waren die Regel.

Das Foto von der Wichelnburg ist durch den Blick durch die hintereinanderliegenden Torbögen stark strukturiert. Die Perspektive verengt sich, die Atmosphäre strömt Enge, fast etwas Bedrohliches aus. Die Frau vordem zweiten Torbogen wirkt einsam und verloren. Der Name Wichelnburg leitet sich von Weiden (plattdeutsch »Wicheln«) ab, die als Flechtwerk beim Bau von Befestigungsanlagen verwendet wurden. Die Wichelnburg wurde 1524 als in die Weser hervorspringende Bastion in unmittelbarer Nähe der St. Stephani-Kirche angelegt. Als das Foto entstand, war es der Name eines Straßenzuges östlich des Armenhauses, an der Stelle, wo heute der Focke-Park liegt. Um 1740 gab es dort 34 Häuser und sechs Gänge, um 1900 nur noch fünf Häuser. Die Örtlichkeit wurde bis 1935 von Packhäusern dominiert. Für den Bau der Westbrücke wurde eine große Schneise in das Stephaniviertel geschlagen, ganze Straßenzüge und auch viele Gänge wurden abgerissen. Die Wichelnburg verschwand mit der Neubebauung des Areals nach dem Zweiten Weltkrieg. Fotos wie diese dokumentieren den Augenblick, zeigen Zeitgeschehen, das wenige Jahre später endgültig der Vergangenheit angehören wird.
Fotos von Heinrich Raschen 1930

Zum
Restaurant
v.
H Böhm

Von 1936 bis 1939 wurde die Westbrücke für 3,5 Millionen Reichsmark gebaut. Der Westteil des Stephaniviertels mit seinen charakteristischen Gängen und dem traditionellen Arbeitermilieu musste dem Neubau weichen. Wir sehen auf den Fotos von 1938, die Heinrich Harting aufgenommen hat, den Durchbruch auf der Altstadtseite zur Weser hin. Ein Teil der vorderen Großenstraße, die dahinterliegenden Teile des Krummen Viertels und zur Weser hin die Wichelnburg waren vom Abriss betroffen. Abgebrochen wurde auch das altehrwürdige Amtsfischerhaus in der Großenstraße Nr. 27, vormals Zunftsitz der durch kaiserliches Regal privilegierten Amtsfischer, die die Fischereirechte auf der Weser hatten, nunmehr eine Gaststätte. Zwischen der neuen Brücke und der Eisenbahnbrücke blieben das Focke-Museum, das ehemalige Armenhaus und die Schule an der Großenstraße stehen. Diese war ehemals eine Freischule, also eine in Zeiten von Schulgeld unentgeltliche Unterrichtsanstalt und daher oft auch als Armenschule klassifiziert, dann eine Volksschule.

Schon seit 1934 hatte es Pläne gegeben, den Wall als Verkehrsachse auszubauen und über Doventor und Nordstraße die Neustadt mit den Hafenarealen im Westen zu verbinden.

Nun wurde am 1. Juli 1939 die »Adolf-Hitler-Brücke« eingeweiht. Sie sollte die Kaiserbrücke und die westliche Innenstadt vom Hafenverkehr entlasten und zugleich der gesamten Hafenwirtschaft nutzen. Unter anderem verband nun die von der Pappelstraße über die Westbrücke verlaufende Straßenbahnlinie 15 die Neustadt mit dem Bremer Westen und fuhr über die Nordstraße bis zur Emder Straße an den Holz- und Fabrikenhafen. Neben den Plänen für die »Westbrücke« gab es auch solche für eine »Ostbrücke« in Höhe der Mozartstraße, die allerdings nicht umgesetzt wurden. Heinrich Harting konnte als Fotograf nicht ermittelt werden. Das Adressbuch verzeichnet unter diesem Namen lediglich einen »Zeichner« in der Elsässer Straße. Möglicherweise hat der Zeichner ja auch fotografiert.

Ein Blick in die Bahnhofstraße vom Breitenweg aus, 1915 von Oberbaurat Lempe aufgenommen. In der Bildmitte fährt eine »Elektrische«, in Bremen ab 1893 unterwegs, direkt auf den 1889 eingeweihten Hauptbahnhof zu. Rechts hinter der Litfaßsäule und dem Kiosk – hier werden Fahrpläne und Postkarten verkauft – befindet sich die öffentliche Badeanstalt am Breitenweg Nr. 61. Der diese Ecke prägende »Opelturm«, ein würfelförmiges Ausstellungshaus für Opel-Automobile mit einem von einer Weltkugel gekrönten Turm, fehlt noch und wird erst zehn Jahre später dort errichtet werden.

Auf der linken Seite das Hotel »Stadt Hamburg« mit einem Zigarrenladen im Souterrain. Vor dem Bahnhof befanden sich Hotels der gehobenen Klasse, wie das »Hotel Central« (an der Ecke), das ab 1924 nach dem Dampfer des Norddeutschen Lloyd »Hotel Columbus« hieß. Jenseits des Breitenwegs in Richtung Stadtmitte lagen neben den Büros des Norddeutschen Lloyd und seines Hauptagenten für das Auswanderungswesen, Friedrich Mißler, viele Hotels, in denen Auswanderer vor dem Ersten Weltkrieg unterkamen. Das Hotel »Stadt Warschau« verweist mit seinem Namen auf die zahlreichen osteuropäischen Migranten, die vor dem Ersten Weltkrieg über Bremen nach Amerika auswanderten. Lempe war seit 1920 Oberbaurat in Bremen und ab 1932 Leiter des Stadtplanungsamtes. Von ihm sind zahlreiche Aufnahmen des Bremer Stadtbildes in der Landesbildstelle erhalten.

Hotel
Stadt Hamburg

Dieses Dokument ist eine Postkarte, genauer eine Ansichtskarte. Diese Form, Grüße an Freunde und Bekannte zu verschicken, setzte sich zum Ende des 19. Jahrhunderts durch. Nun konnte der Schreiber zeigen, wie es dort aussah, wo er gerade war, was ihm die Zeilen zur Ortsbeschreibung ersparte. An vielen Kiosken und in Tabakläden konnte man die immer populärer werdenden Ansichtskarten erwerben.

Der Fotograf, der die vorliegende »Ansicht« aufgenommen hat, steht vor dem Eingang der Bremer Kunsthalle. Der Blick fällt zentral auf das 1907/08 errichtete Polizeihaus mit seinen beiden Neorenaissancegiebeln und dem Erker über dem Rundportal. Der linke Giebel wurde im Krieg zerstört und bei der Restauration trug man den rechten Giebel aus Gründen der Symmetrie ebenfalls ab.

Der Wall, an dem das Polizeihaus liegt, war bis in die Neuzeit die Trennlinie zwischen der Altstadt und den Vorstädten. Mit der Aufhebung der Torsperre 1849 wurde die alte östliche Vorstadt als städtisches Wohngebiet voll erschlossen, die Infrastruktur verbesserte sich erheblich, Wasserleitung und Kanalisation wurden verlegt, Gaslichter aufgestellt. Außerdem war der Ostertorsteinweg, wie der Name schon sagt, gepflastert. All das führte dazu, dass der Ostertorsteinweg sich in den letzten Jahrzehnten des 19. Jahrhunderts zu einer belebten Geschäftsstraße entwickelte. Vielleicht war dies der Grund dafür, dass der Verleger der Ansichtskarte in die fotografische Vorlage eine Kutsche und vier modisch behütete Damen auf die Straße hineinmontieren ließ – ohne die das Motiv wohl etwas zu leer gewirkt hätte. Durch diesen seinerzeit nicht unüblichen Kunstgriff vermittelt das Bild die gepflegte und wohlanständige Atmosphäre finanzkräftiger bürgerlicher Behaglichkeit, ein Flair, mit dem das Ostertor offenbar nicht unpassend dargestellt werden konnte.

Bremen 1912 - Polizeihaus

Die Villa Ichon am Goetheplatz im Jahre 1915. Diese Villa wurde 1849 an der Altenwalls-Contrescarpe für den Versicherungskaufmann Bröckelmann gebaut. Seit Ende der Napoleonischen Kriege waren viele wohlhabende Bremer Kaufleute dem Trend gefolgt, den Bürgermeister Johann Smidt gesetzt hatte: Sie zogen raus aus der Stadt und kamen bis zur Contrescarpe, wo sie sich repräsentative Domizile errichten ließen. In der Villa Ichon wohnte unter anderm der Architekt Johann Georg Poppe, der in Bremen vielfältige wichtige Spuren einer der Neorenaissance verpflichteten Architektur hinterlassen hatte. Er war verantwortlich für den Bau der Landhäuser in Horn und Oberneuland, des Turms des Wasserwerks auf dem Stadtwerder, der Baumwollbörse und des Verwaltungsgebäudes des Norddeutschen Lloyd in der Papenstraße von 1907. 1925 erwarb die Bremer Theatergesellschaft die Villa, bereits 1912 war in unmittelbarer Nähe das Schauspielhaus gebaut worden. Auch die Theaterdirektoren Johannes Wiegand und Eduard Ichon gehörten zu den Besitzern. Seinen Namen erhielt der Prachtbau wohl nach Theodor Ichon, einem Bruder des Theaterdirektors und letzten Eigentümers vor Übernahme der Villa durch die Stadt im Jahre 1968. Die Familie Ichon war eine bedeutende Bremer Kaufmannsfamilie. Louis Eduard Ichon, der Vater von Eduard und Theodor, war Makler und betrieb diverse Dampfschifffahrtslinien, unter anderm nach England und Amsterdam, ein Speditionsgeschäft und eine blühende Auswanderungsagentur. In der Architektur der bürgerlichen Villen wurden Elemente unterschiedlicher Baustile wie Neorenaissance, Neobarock und Neoklassizismus kombiniert. Dabei legten die Besitzer viel Wert auf Repräsentation, funktionale Aspekte spielten oft nur eine Nebenrolle. Architektonische Zutaten wie Rund- und Treppengiebel, Säulen, Medusenköpfe und Akanthusblätter dienten rein dekorativ zur Erzeugung einer »historischen Atmosphäre«. Die Fassaden der Gebäude spiegelten nicht nur in ihrer Größe und ihrem jeweiligen Reichtum, sondern auch in der Anordnung und dem Aufbau der Stockwerke die soziale Stellung ihrer Bewohner. So etwa wurde die erste Etage oder das Hochparterre meist Beletage genannt und repräsentierte mit ihren besonders hohen Decken und ihren reichen Stuckverzierungen sowie Holzvertäfelungen und Gemälden Wohlstand und Prestige ihrer wohlhabenden Besitzer. Die oberste Etage mit ihren oft nur noch lukenartig kleinen Fenstern bewohnten in der Regel Dienstboten und andere Hausangestellte, die Wirtschaftsräume lagen meist im Kellergeschoss.

Diese Ansichtskarte sollte dem Empfänger einen Teil Bremens zeigen, der wohlhabend und großbürgerlich ist und Gediegenheit ausstrahlt, einen Ort, den man gern aufsuchen würde. Von der Contrescarpe aus geht der Blick in die Kohlhökerstraße hinein. Sie wurde zum ersten Mal 1678 erwähnt und hat ihren Namen von den dort ansässigen Kohlhändlern, die ihr Gemüse dort anbauten und in der Stadt »verhökerten«.

Die Postkarte stammt aus dem Atelier »Louis Koch, Photogr., Bremen«. Koch war einer der ersten Fotografen Bremens. Er begann sein neues Gewerbe bereits um 1865, um die Jahrhundertwende gründete er einen Postkartenverlag. Diese Karte wurde am 3. Juni 1902 beschrieben. Aufgedruckt ist der Name »Kohlhöckerstrasse«, dahinter markierte der Absender mit einer »3« vermutlich sein Domizil.

Vom linken Bildrand bis über die Bildmitte hinaus sind zwei stattliche Bremer Häuser an der Contrescarpe zu sehen. Sie weisen typische Merkmale des Bremer Hauses auf. Besonders die Fassade des Hauses ganz links ist mit Elementen des klassizistischen Baustils verziert. Ab etwa 1850 sind klassizistische Bauten in den bürgerlichen Stadtgebieten in Zentrumsnähe zu finden, wie hier im Ostertor. Typisch sind der Erker im Hochparterre, die Dreiecksgiebel über den Fenstern im ersten Stock sowie die Halbsäulen am Erker. Das Haus verfügt über das übliche, etwas unter dem Straßenniveau liegende Souterrain mit eigenem Eingang. Die Fenster dort sind vergittert. Zum Haupteingang geht es einige wenige Stufen hinauf. Der Erker sowie eine danebenliegende verglaste Tür führen auf eine schmale, umzäunte Veranda. Zur Straße hin werden dieses Haus und der Vorgarten mit einem Zaun abgegrenzt. Das Nachbarhaus rechts hat statt eines Erkers eine voll verglaste Veranda. Im ersten Stock sind drei hohe Fenster mit eher ungewöhnlichen Fensterläden. Vor dem mittleren Fenster ist ein kleiner Balkon mit einer schmiedeeisernen Brüstung. Das nächste angrenzende Haus liegt bereits in der Kohlhökerstraße und ist um ein Stockwerk höher als die abgebildeten Häuser an der Contrescarpe. Auch hier finden sich die klassizistischen Bauelemente wie Erker, Dreiecksgiebel über einem Fenster, halbrunde Säulen am Erker. Außerdem zieren Stuckelemente die Gesimse zwischen dem ersten und zweiten Stock sowie den Abschluss zum Dach. Zwei auffällige Giebelhäuser folgen in der Häuserzeile. Am rechten Bildrand ist eine abgeschlossen wirkende Fassade zu sehen; nur ein einzelnes offen stehendes Fenster im obersten Stockwerk ist zu erkennen. Offensichtlich handelt es sich hier um die Seitenfront eines Bürgerhauses, deshalb wird hier auf ausladende Ornamentik verzichtet.

Die Szenerie ist nicht unbelebt, diverse Passanten sind unterwegs. Zwei Frauen tragen Waren in Henkelkörben über ihren Armen, vermutlich Bedienstete der wohlhabenden Bewohner der Häuser in Contrescarpe und Kohlhökerstraße. Auch der Nachwuchs wird von Kindermädchen und Hauslehrerinnen betreut.

Hinter den Häusern mit den hohen Giebeln kreuzt die Meinkenstraße, weiter hinten zweigen links die Heinrich- und rechts die Rutenstraße ab.

Bremen 3 Juni 02
Kohlhöckerstrasse. 3.
Louis Koch, Photogr., Bremen

Haus Riensberg, Unter den Eichen, 1930 fotografiert von Oberbaurat Lempe. Die Geschichte des Gutes Riensberg reicht zurück bis in das 12. Jahrhundert, bis zur kolonisatorischen Erschließung der Marschen in der Gegend der heutigen Stadtteile Horn und Vahr, im ursprünglichen Hollerland. Riensberg ist ein mittelalterliches Geerengut, das der Bremer Erzbischof als Landesherr holländischen Siedlungsunternehmern, den »Lokatoren«, für ihre Dienste übereignete. Geeren sind dreieckige Geländestücke, die sich bei der Erschließung neuen Landes nicht in die übliche rechteckige Hufenform einteilen ließen. Hufe war der Landbesitz einer Vollbauernstelle, die in Norddeutschland in der Regel ein 500 Meter langes und 200 Meter breites Stück Land umfasste. Der Name »Riensberg« bedeutet, dass es sich hier um einen erhöhten Platz handelt, der letztlich Schutz vor den Wasserfluten bot. Das altdeutsche »rien« kennzeichnet eine Bodenerhöhung oder Ackergrenze, eine andere Wortbedeutung meint eine künstlich erhöhte Uferbebauung mit Pfählen und Planken.

Der Besitz des Gutes Riensberg ging durch viele Hände und gelangte im 18. Jahrhundert in die der Ratsfamilie Brand, dann folgten die der Schönes, und schließlich gehörte es der Familie Post.

Der Riensberg hatte den Charakter eines Landgutes, das für die bürgerlichen Grundbesitzer neben den Einkünften aus der landwirtschaftlichen Nutzung zusätzlich einen idealen Sommersitz für warme und friedliche Zeiten abgab. Die Verstädterung brachte für die Höfe – die Vorwerke hatten sich ursprünglich nur wenig von den niedersächsischen Bauernhäusern unterschieden – bauliche Neuerungen: einen Kamin statt eines offenen Feuers, Steinmauern statt Flechtwerks aus Lehm und Stroh, räumliche Erweiterungen der herkömmlichen bäuerlichen Wohnweise bis hin zur Ausbildung eines Querhauses (im Bild als Rückfront des Gebäudes gut zu sehen), Bau eines Hofmeierhauses (im Bild links), in dem der Pächter und eigentliche Bewirtschafter des Hofes lebte, Ausbau der Gartenanlagen. So spiegelt die Entwicklung des Gutes Riensberg sowohl die zivilisatorischen Einflüsse der Stadt als auch den wirtschaftlichen Wohlstand auf dem Land wider. Die letzte Besitzerin war Margarethe von Post, so ist das Gut auch heute noch in Schwachhausen als der Post'sche Hof bekannt.

Dieses Foto zeigt sehr eindrucksvoll, wie Industrie und Dorf aufeinanderstoßen, es hat damit geradezu beispielhafte Aussagekraft. Auf der linken Seite ist die Gröpelinger Kirche zu sehen, die mit der ersten urkundlichen Erwähnung als Nikolai-Kapelle 1331 das älteste Bauwerk des alten Dorfes Gröpelingen und das Wahrzeichen der vorindustriellen Gröpelinger Geschichte ist. Rechts steht das Verwaltungsgebäude der AG »Weser«, die 1905 von der Stephani-Kirchweide auf den Gröpelinger Werder umzog und als Motor und Symbol der Industrialisierung Bremens gilt. Mit der Entwicklung der AG »Weser« zu einer Großwerft, auf der prestigeträchtige Luxusliner, Frachter, Kriegsschiffe und später Öltanker gebaut wurden, wandelte sich das Dorf Gröpelingen zum urbanen Arbeiterstadtteil. Geradezu sinnbildhaft trennt die Nordstraße die Kirche, das Symbol des alten Dorfes, von den Anlagen der modernen Industrie. Die Kirche brannte im Zweiten Weltkrieg aus und wurde 1959 abgerissen, um Platz zu machen für eine Verbreiterung der Straße auf vier Spuren und den Bau eines Autohauses nebst Parkplatz. Heute befindet sich dort der orientalische Neubau der Fatih-Moschee.

Das Foto stammt von Dr. Heinrich Raschen, einem ambitionierten Hobbyfotografen, der in den 1930er und -40er Jahren eine Vielzahl von Fotos mit hohem dokumentarischen Wert aufgenommen hat. Raschen war zugleich ein Filmer von beachtlichem Niveau. Mehr als ein Dutzend Blechdosen mit fast vier Stunden Filmmaterial gehören zum Fundus, den die ehemalige Landesbildstelle zusammen mit rund 100 original Fotonegativen und Farbdias von Raschens Nachfahren übernehmen konnte. Während die Amateurfotografen in den 1930er Jahren üblicherweise die Sehenswürdigkeiten wie Rathaus, Dom, Weser und Roland aufnahmen, finden sich im Fundus von Heinrich Raschen auch Bilddokumente des Alltags aus den Stadtteilen des Stephaniviertels, aus Mittelsbüren und seinem Wohnort Oslebshausen.

Diese Aufnahme machte Oberbaurat Lempe 1935 an der Ecke Rostocker Straße und Feierabendweg. Steigende Bodenpreise und Baukosten bedrohten nach der Jahrhundertwende die Weiterentwicklung des bremischen Kleinhauses. Bisher hatten Bremer Senat und Bauträger eine Politik verfolgt, die auch in den Arbeitervierteln das Bremer Haus als vorherrschenden Haustyp vorsah. Man versuchte, die Entstehung polizeilich unkontrollierbarer Hinterhofbauten zu verhindern. Vor allem Berlin galt den Bremer Stadtplanern als abschreckendes Beispiel, erschienen ihnen doch die Berliner Hinterhöfe als wahre Brutstätten von sozialer Unruhe, Marxismus und Revolution. Schon Friedrich Engels hatte postuliert, dass Hausbesitz in Arbeiterhand das Klassenbewusstsein untergrabe. In Bremen veröffentlichte die sozialdemokratische »Bürger Zeitung« im März 1906 einen Artikel mit dem Titel »Los von Grund und Boden«, in dem sie Engels' Linie folgte: »Der Besitz eines eigenen Häuschens ist nämlich ein die Kampfeslust und Kampfesfähigkeit der Arbeiter außerordentlich hemmender Faktor. /.../ Wie der Hausbesitz die Arbeiter zufriedener und unfähig zur Revolution macht, das wissen auch jene Herren Fabrikanten, die da Häuser bauen, die unter bestimmten Kautelen (vertragliche Bedingungen, DK) als eigen erworben werden können.« Um zur Pazifizierung revolutionärer Geister den traditionellen Hausbau für die »kleinen Leute« aufrechtzuerhalten, verabschiedete der Senat 1913 das Bremer Kleinhausgesetz. Es sah vor allem finanzielle Erleichterungen für den Hausbau vor, aber auch den Wegfall der Brandmauer zwischen den Häusern sowei einen drei Meter breiten Gartengang anstelle einer befahrbaren Straße.

Durch den ständigen Zuzug von Arbeitskräften für die Werft AG »Weser« und den Hafen wurde der Wohnraum auch in Gröpelingen knapp. Um dem abzuhelfen, baute der Gemeinnützige Bremer Bauverein der Sparkasse 1914 den »Feierabendweg«, den ersten Gartengang Bremens, der durch seine besondere Bauweise die Wohn- und Lebensverhältnisse von Arbeiterfamilien verbessern sollte. Unter dem Straßenschild »Rostocker Straße« sieht man die Tafel »Polizeiverordnung«. Zusammen mit dem Kleinhausgesetz waren Vorschriften »für Straßen, die nur für den Fußgängerverkehr und den Verkehr mit Karren und Handwagen bestimmt sind« erlassen worden. Erst auf diese Weise wurde der Bau dieser »verkehrsberuhigten« Anlage mit 22 Kleinhäusern möglich.

Der Feierabendweg wurde im Stil der Heimatschutzarchitektur angelegt, das heißt, man verwendete ortsübliche Baumaterialien wie Backstein und verzichtete im Gegensatz zum Baustil der Gründerzeit auf historisierende Attribute wie Türmchen, Putten und Säulen. Alle Bauwerke sollten in die bestehende Kulturlandschaft passen.

In den 1920er Jahren setzte die Errichtung von Großwohnanlagen ein. Dieses Foto zeigt die ab 1927 gebauten Komplexe an der Hamburger und Stader Straße mit mehr als 1000 Wohnungen.

Nach einem vom Bremer Staat ausgeschriebenen städtebaulichen Wettbewerb entstanden hier Wohnblöcke, die den Maßstäben der »Neuen Sachlichkeit« entsprachen. Im inneren Teil des Geländes lagen ein- und zweigeschossige Familienreihenhäuser, von den hier abgebildeten vier- bis fünfgeschossigen Wohnblöcken vom Straßenlärm abgeschirmt. Das Funktionale stand gemäß des architektonischen Zeitgeistes der 1920er Jahre vor dem Ornamentalen. Der Architekt Bruno Traut, ein maßgeblicher Vertreter der dem Bauhaus nahestehenden Richtung des »Neuen Bauens«, formulierte 1924 in einem Artikel über »Die Architektur der Arbeiterbewegung« die Ziele der Bewegung. Danach sei »Architektur die Erfüllung des Zwecks« und »jede sentimentale Einlullung« zu vermeiden. Nicht »Säulenfronten, Palastfassade und ähnliche Kinkerlitzchen« sollten Stadtplanung und Architektur bestimmen, sondern gesunde Wohnverhältnisse mit gemeinschaftlichen sozialen Einrichtungen. Diese sollten es den Menschen ermöglichen, Wohnen, Arbeiten und Erholung miteinander zu verbinden.

Die Aufnahme stammt von Hinrich Meyer aus dem Jahr 1931. Meyer war Sachgebietsleiter Fotografie der Landesbildstelle Bremen. Als gelernter Drogist kam er wie viele seiner Berufsgenossen mit dem Gebiet Fotografie über die technische Seite, das Entwickeln und Vergrößern der Bilder, in Kontakt. Viele Drogisten wurden ambitionierte Fotografen und auch Filmemacher. Im Adressbuch der 1930er Jahre ließ sich Meyer mit der Berufsbezeichnung »Fotograf« eintragen. Zusammen mit Wilhelm Kuhlmann arbeitete er nach dem Zweiten Weltkrieg bei der Landesbildstelle. Beide unternahmen mitunter tageweise Expeditionen, um die Stadtentwicklung, das Stadtgeschehen und auch die ländliche Umgebung Bremens zu dokumentieren.

Die »Zierde der Hastedter Vorstadt«, wie Senator Allerheiligen 1927 die an der Wupper-, Ruhr- und Lippestraße gelegene Westfalensiedlung nannte, wurde in zweijähriger Bauzeit bis 1929 mit 337 Kleinhäusern zwischen Bismarck-, Bennigsen- und Stader Straße gebaut. Die Siedlung – im Volksmund »Klein-Mexiko« genannt – ist ein anschauliches Beispiel für den kostengünstigen Einfamilienhausbau in der Großstadt: kleine Wohnstraßen, kleine Grundstücke von 77 Quadratmetern, aber den Einkommensverhältnissen von Arbeiterhaushalten angemessen. Die Häuser konnten für 40 Reichsmark monatlich gemietet werden und sollten später in das Eigentum der Bewohner übergehen.

Mit den vom Staat zur Verfügung gestellten Hypothekendarlehen und Zinsverbilligungen wurden in ganz Bremen 269 Wohnungen privater Bauherren, 351 Wohnungen von Bau- und Siedlungsgesellschaften und 779 Wohnungen von Bauunternehmern gefördert. Über die Hälfte der Wohnungen waren Kleinwohnungen mit einem Bauwert von weniger als 10.000 Reichsmark. Die staatlichen Kleinhäuser konnten mit einer geringen Anzahlung von 200 Reichsmark bezogen werden. Nach 26 Jahren und Leistung einer monatlichen Miete von 38 bis 55 Reichsmark gingen sie in das Eigentum der Besitzer über.

Facharbeiter verdienten als Lohn in dieser Zeit im Schnitt 150 bis 200 Reichsmark im Monat. Der monatliche Abtrag von 38 bis 55 Reichsmark war im Vergleich zu den Mieten günstig, da selbst für schäbige Altbauwohnungen und barackenartige Hilfswohnungen oft 20 bis 30 Reichsmark gezahlt werden mussten. Anlagen wie die Westfalensiedlung sind das Gegenstück zu dem weit verbreiteten »Geschosswohnungsbau«, beides Reaktionen auf die Wohnungsnot der 1920 Jahre.

Am 31. Juli 1954 fand ein Klassentreffen von ehemaligen Schülern der »Heini-Borchers-Klasse« (1904–1912) der Schule Auf der Hohwisch statt. Zu diesem Anlass wurde einem Klassenkameraden, der offenbar nach Amerika ausgewandert war, ein liebevoll gestaltetes Album mit Ansichten der Stadt Bremen und seiner Umgebung geschenkt. Die Fotos stammen aus der Vorkriegszeit und halten zum großen Teil Stadtansichten fest, die durch die Zerstörungen des Krieges verloren gegangen sind. Sie dienten vermutlich der (wehmütigen?) Erinnerung dieser Schulklasse, entsprachen aber einer generellen Sehnsucht nach der »guten alten Zeit«, in der angeblich alles besser war. Die Fotos, die ausgewählt wurden, scheinen dies zu bestätigen: Es geht um vorwiegend idyllische und romantisierende Stadtansichten, natürlich mit den entsprechenden Sehenswürdigkeiten, aber auch die Bilder aus den Arbeitervierteln, vom Hafen und der Arbeitswelt sind frei von unschönen, mühseligen, unerfreulichen Dingen. Geschichte ist eine glückselige Erinnerung. Offensichtlich soll der Auswanderer nach Amerika seine alte Heimatstadt »in guter Erinnerung« behalten. Das Medium für solche Art der Geschichtstradierung ist in der Regel das Familien- oder, wie in diesem Falle, das freundschaftliche Fotoalbum.

Das Album selektiert die Aufnahmen, manche – die nicht für würdig befunden werden – schaffen es nicht in die Auswahl, die häufig von Generation zu Generation weitervererbt wird. Und damit »vererbt« sich auch eine bestimmte – selektive – Form von Geschichtstradierung. Hässliche, störende, missliebige, schmerzhafte oder »falsche« Bilder werden nur in Ausnahmefällen tradiert. Die Bilder bestimmen das Bewusstsein, das Bewusstsein die (Auswahl der) Bilder. So stellt dieses Fotoalbum aus den 1950er Jahren ein typisches Beispiel von Geschichtsverklärung dar, die »dunkle Zeit« der Hitlerdiktatur und des Krieges kommen nicht vor, durch Ausblenden, Weglassen und Verdrängen wird Geschichte politisch bereinigt und funktioniert sinnstiftend in eine antiaufklärerische Richtung.

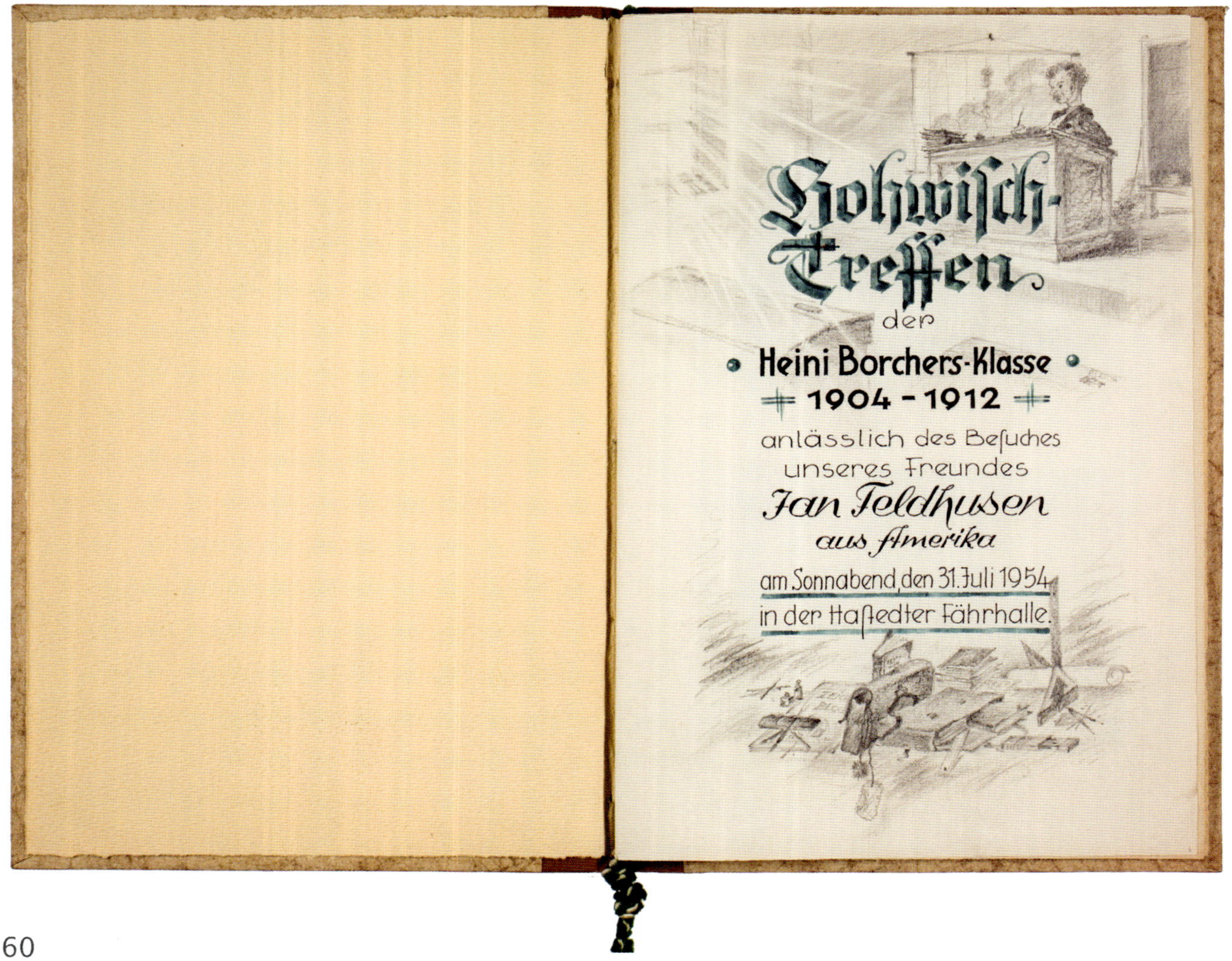

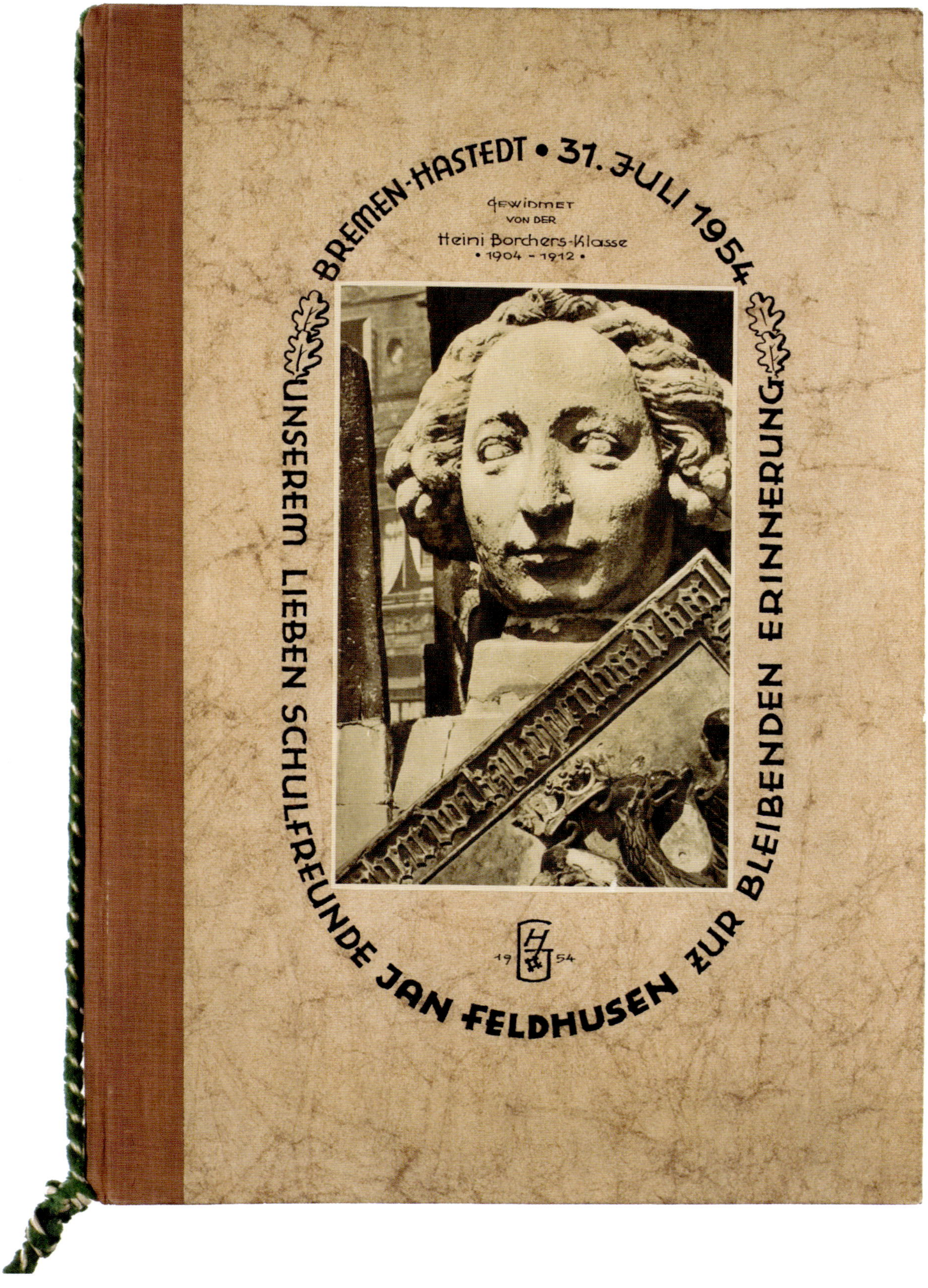
BREMEN-HASTEDT • 31. JULI 1954
GEWIDMET
VON DER
Heini Borchers-Klasse
• 1904 - 1912 •
UNSEREM LIEBEN SCHULFREUNDE JAN FELDHUSEN ZUR BLEIBENDEN ERINNERUNG
19 54

Auf den folgenden Seiten nun eine Auswahl der Fotos, die im Album wie unten zu sehen angeordnet sind.

Das Foto zeigt das Rathaus aus westlicher Sicht mit dem Eingang zur Unteren Rathaushalle, rechts daneben der Eingang zum Ratskeller und auf dem Platz davor das Denkmal Kaiser Wilhelms I. Der Dom ist im Hintergrund zu sehen und ihm schräg gegenüber in südlicher Richtung die »Neue Börse«. Direkt davor und zwischen Rathaus und dem Bremer Roland fahren die Straßenbahnen der Linien Baumwollbörse–Horn (rechts) und die in Richtung Stephaniviertel und Hafen (Ringbahn), ein Auto und zwei Radfahrer. Hinter der Neuen Börse in östlicher Richtung ist das Postgebäude an der Domsheide zu erkennen. Es fragt sich, was die ehemaligen Hastedter Schüler oder der Amerika-Auswanderer mit dem Rathaus und dem Markplatz verbinden – sicher nicht das Rathaus als Sitz des Senats, sondern es steht hier zusammen mit dem Dom als ikonografische Reminiszenz an Bremen.

Die Aufnahme zeigt den Schnoor zwischen Marterburg und Stavendamm, Blickrichtung nach Osten, Richtung Marterburg. Links und rechts stehen Giebel- und Traufenhäuser, von denen nur die auf der linken, von der Sonne beschienenen Seite deutlich zu erkennen sind. Die Häuser auf der rechten Gassenseite liegen im Schatten. Durch den Schattenwurf ist das Bild quasi durch eine Zickzacklinie geteilt.

Ein Haus hat einen Erker, ein anderes einen Flaschenzug unter dem Dachfirst. Einige Gebäude auf der gegenüberliegenden Seite sind mit »Utluchten« verziert, das sind Sonderformen des Erkers, die als Teil des Innenraumes aus der Gebäudefront vorspringen und nicht auskragend, sondern ebenerdig abschließen. Allseits mit großen Fenstern ausgestattet, ermöglichen sie einen Einblick in die Straße. Viele Fenster stehen offen. Quer über die Gasse verläuft eine Leitung mit einer einzelnen herabhängenden Straßenlaterne. Ein von hinten zu sehender Mann trägt in jeder Hand einen großen leeren Korb. Der Zugang zu den Häusern erfolgt direkt vom schmalen Bürgersteig aus.

Der Schnoor war immer ein armes Viertel, hier lebten die religiösen Minderheiten, die Juden und Katholiken, die nicht zünftigen Handwerker, Arbeiter und Arme. Was empfindet der Betrachter also als »schön« und erinnernswert an den schmalen Häusern und engen Gassen, an den Flaschenzügen und Utluchten, an handwerklicher Arbeit? Ist es die Sehnsucht nach dem Idyll einer vormodernen, nicht urbanen, nicht industriellen Vergangenheit, nach einer Zeit, in der angeblich alles besser war?

Auf dieser Albumseite sind die tausendjährige Eiche im Hasbruch, die Friederikeneiche, in vollem Laub und eine weite norddeutsche Landschaft bei Worpswede zu sehen. Mit 1200 Jahren ist die über 30 Meter hohe Friederikeneiche die älteste Eiche in Niedersachsen. »Hasbruch« heißt Wasserbruch oder Wasserlauf. Im 17. und 18. Jahrhundert wurde der Hasbruch durch Waldweide, Plaggenhieb, Holzberechtigungen und Holzdiebstahl regelrecht ausgeplündert. In das holzarme Marschland Stedingen lieferte man viele Hölzer für den Schiffbau sowie den Bau von Häusern und Stallungen. Auch die Nutzung als sogenannter Hudewald (Weidewald) für das Vieh hatte für die Waldentwicklung eine große Bedeutung. Diese Nutzung dauerte bis zum Jahre 1882, als die Weiderechte durch eine einmalige Geldzahlung an die Bauern abgelöst wurden. Die tausendjährige Eiche prägte zwar das Bild des Städters vom Wald, in der Regel verwandelten sich die Bäume aber in wesentlich kürzerer Zeit in Bretter und Balken.

Die Natur selbst bietet sich im Kontrast zum urbanen Lebensraum als Folie für heimelige und heimatliche Gefühle an. Sie ist schlichtweg schön und deswegen herzerwärmend. Für viele Bremer war eine Reise in das direkte Umland ein Erlebnis. Der Reise- und dementsprechend der Erfahrungshorizont waren beschränkt.

Auch in der folgenden Aufnahme wird die Natur als Kontrast zur Stadt romantisiert. Auf dem kleinen Fluss, der Hamme, sind zwei Torfkähne sowie ein kleineres Segelboot zu erkennen. Über Jahrhunderte fuhren die Torfbauern aus den Moorsiedlungen den Torf mit ihren Kähnen nach Bremen, Vegesack, Brake und anderen Orten an der Weser. Torf diente der städtischen Bevölkerung als Brennmaterial. »Jan van Moor« nannte man diese Torfbauern. Die Fotografie drückt eine verklärende Stimmung aus (die flache norddeutsche Landschaft, Wolken am Himmel, Spiegelungen im Wasser, die einsamen Torfkähne). In Wirklichkeit waren die Existenzbedingungen der Moorbauern äußerst hart, wie die Bauernweisheit aus den Zeiten der Moorkolonisation verdeutlicht: »Dem ersten den Tod, dem zweiten die Not, dem dritten das Brot.«

Friederikeneiche und Torfbauern stehen hier wohl für einen nostalgischen Blick zurück getreu dem Motto »In der guten alten Zeit«. Und die wurde am liebsten ländlich-agrarisch verstanden.

Links unten: Die Aufnahme zeigt ein typisches niedersächsisches Fachwerkbauernhaus, das mit Reet gedeckt ist. Rechts und links neben dem großen, oben halbrunden Eingangstor befinden sich zwei Fenster. In der Breite wird das Fachwerk jeweils von vertikalen Balken begrenzt, die oben mit breiteren Teilen aus der Hauswand hervortreten. Vor der Tür steht der Bauer mit seinem Hund. Das typische niedersächsische Bauernhaus ist ein »Einhaus«, bei dem Wohnung, Stallraum und Erntelager in einem großen Hauskörper zusammengefasst sind. Normalerweise ist es auf zwei senkrechten hölzernen Hauptständern errichtet, die, einst auf einem Fundament aus Findlingssteinen ruhend, die gesamte Last des Baus tragen. Durch das dreiflügelige Haupttor (Grootdör) wird die Ernte eingefahren, das Vieh getrieben und es dient zugleich als Abzug für den am Herdfeuer entstehenden Rauch. Das Leben von Mensch und Tier unter einem Dach in der Diele mit Stallungen, Flett und dem kleinen Wohnbereich (Dönz) mit Stube und Kammer war über 200 Jahre charakteristisch für die Bauern in den ländlichen Gegenden um Bremen. Rechts vor dem Haus steht ein Leiterwagen. Dominant im Vordergrund rechts im Anschnitt die Hälfte eines Wagenrades, das dem Bild eine gestalterische Linie gibt. Das Bild wirkt stark inszeniert im Sinne einer Glorifizierung einer vermeintlich idyllischen ländlichen Lebensweise. Nachvollziehbar ist aber auch, dass in den modernen komplexen gesellschaftlichen Systemen eine Sehnsucht nach der bäuerlichen Souveränität und Unabhängigkeit besteht.

Abend auf der Weser
Evening on the Weser
Niedersächsisches Bauernhaus
Low-Saxon Peasant House
Tausendjährige Eiche im Hasbruch
Millennial oak in the Hasbruch
Landschaft bei Worpswede
Landscape near Worpswede

Auf diesem Foto geht der Blick von der Post an der Domsheide auf die gegenüberliegenden Gebäude, die Glocke und den St. Petri Dom. Die Glocke ist der Backsteinbau mit einem Treppengiebel, an dessen unterer Seite zwischen den Fenstern Steinfiguren angebracht sind. Ursprünglich wurde im 15. Jahrhundert ein turmartiges achteckiges Gebäude an der Südseite des Doms, das durch einen Gang mit diesem verbunden war, Kapitelhaus oder wegen seiner Form auch »Glocke« genannt. Es gehörte zum Domstift und wurde für Beratungen des Domkapitels genutzt. Die neue Glocke, erbaut 1926 bis 1928 nach einem Entwurf des Bremer Architekten Walter Görig mit Konzertsälen und einem Restaurant, übernahm den Grundriss des alten Domstifts und erhielt an der Domsheide den charakteristischen großen Treppengiebel im Art-déco-Stil. Bei der Einweihung taufte man das Gebäude »Die Glocke«. Nach Beseitigung der Schäden aus dem Zweiten Weltkrieg wurde die Glocke bis 1959 von den amerikanischen Besatzungstruppen als Klubräume genutzt, also auch zu der Zeit, als sich die Schülerveteranen an der Hohwisch trafen.

Vor dem Geschäftshaus des Uhren- und Schmuckhändlers E. Dohrmann steht das Denkmal Gustav Adolfs, hinter dem sich folgende bizarre Geschichte verbirgt: Eigentlich sollte die 1851 in München gegossene Statue in Göteborg aufgestellt werden. Das Transportschiff strandete jedoch auf dem Weg nach Schweden, und Helgoländer Fischer bargen die Statue als Strandgut, welches sie dann an 13 Bremer Mäzene verkauften, die sie der Stadt vermachten. Dass Gustav Adolf auf der Domsheide zu stehen kam, war nicht unumstritten, denn schließlich war Bremen ja im Dreißigjährigen Krieg und danach von den Schweden besetzt gewesen. An der Gebäudeecke der Post am linken Bildrand ist eine Figur, ein Fabelwesen, sichtbar.

E. DOHRMANN

Blick vom Bahnhofsvorplatz in die zerstörte Bahnhofstraße 1946. Links ist gut der im Volksmund »Opelturm« genannte Bau zu erkennen (Bahnhofstraße 15), er diente als Ausstellungshaus für Opel-Automobile. Das Besondere daran war die auffällige Reklamemechanik auf dem Dach des 1925 nach Entwürfen des Bremer Architekten Heinz Stoffregen errichteten Gebäudes. Hier konnten 160 in der Dunkelheit beleuchtete Großplakate abwechselnd gezeigt werden – eine damals in Deutschland brandneue Art der Werbung. Nach dem Krieg wurden die beweglichen Reklametafeln demontiert und der Bau zunächst von einem Fischrestaurant und ab 1953 von dem Tanzcafé »Helgoland Ahoi« genutzt. Wie im Bild von Wilhelm Kuhlmann vorn links zu sehen, erteilte in der Bahnhofstraße der Fremdenverkehrsverein Auskunft, daneben pries ein Kiosk Zeitungen und Schokolade an.

Auf der rechten Seite ist die Front der zerstörten Hotels »Stadt Hamburg« und »Hotel Columbus« zu erkennen. Provisorisch ist eine Imbisshalle in den Ruinen untergebracht. Daneben hatte die Darmstädter Bank eine Filiale im Erdgeschoss eingerichtet. Hinten in der Bildmitte biegt ein Laster (mit weißer Ladung) in die Bahnhofstraße Richtung Herdentorsteinweg ein, rechts stehen Straßenschilder/Wegweiser. Das zerstörte große Gebäude hinten rechts war einst Albertis Hotel am Breitenweg/Ecke Bahnhofstraße. Das Leben normalisiert sich nach den gigantischen Zerstörungen des Krieges nur langsam.

BTS
EMDENVERKEHRSVEREIN

An der Weser

»Wer es so gesehen hat, felsig und waldig, und von den heißen sehnsüchtigen Tinten eines Sonnenuntergangs zu Endes' Mai magisch beleuchtet, wohl schlug dem das Herz hochauf vor Freude, und er lauschte lechzend hinab in das murmelnde Geschwätz des Flusses, der alle Märchen und Heimlichkeiten des Waldgebirges ihm erzählen zu wollen schien. Silberfarben kam der Fluß durch Wiesen und Weiden herangeschossen – ein heiteres lachendes Idyll lag vor ihm.« (Ferdinand Freiligrath über das Weserbergland bei Holzminden)

Wie alle größeren Ströme bot sich auch die Weser für eine romantische und auch nationale Verklärung an. Schon in dem bekannten Verslein von den sich durch einen Kuss vereinigenden Flüssen Werra und Fulda zum »deutschen« Weserfluss zelebrierten deutsche Romantik und deutscher Nationalismus einen national-verklärenden Mythos. Und auch die Bremer ließen und lassen auf die Weser nichts kommen: Als Friedrich Schiller in den 1797 gemeinsam mit Goethe herausgegebenen »Xenien« über die Weser spottete: »Leider von mir ist gar nichts zu sagen, auch zu dem kleinsten Epigramme bedenkt! geb' ich der Muse nicht Stoff« – da war die Entrüstung groß. Die Weser gilt gemeinhin als Lebensader Bremens. Schon die Flüchtlinge in der Sage von der Gluckhenne kamen die Weser hinunter und sahen am Fuße der Weserdüne die Henne mit ihren Küken, was sie als gutes Omen interpretierten. Für sie wurde Bremen der Ort, an dem sie »mit Glücke« bleiben konnten. Balge, Schlachte, Vegesack, Europa- und Überseehafen wurden Synonyme für die große Handelstradition der alten Hansestadt, AG »Weser« und Bremer Vulkan stehen für eine Schiffbautradition, die Motor und Symbol der Industriegeschichte Bremens zugleich waren. Aber auch scheinbar unbedeutendere wirtschaftliche und kulturelle Aktivitäten kamen ohne Weserwasser nicht aus: Flößerei, Bierbrauen, Fischfang und Badevergnügen. Das folgende Kapitel bietet Impressionen an und von der Weser.

Dieses Panoramabild von 1907, aus vier Teilen zusammengesetzt, wurde vom Dach des Wasserwerks aufgenommen, Blickrichtung weserabwärts. Links die Absinkbecken des Wasserwerks, populär »umgedrehte Kommode« genannt, daran angrenzend gegenüber dem Zollschuppen und dem Alten Wall die Mole des alten »Oberländischen Hafens«, einem 1905/06 zugeschütteten Schutz- und Sicherheitshafen, von dem nur noch eine Schiffsanlegestelle und ein Badestrand geblieben sind. Am Fuß des Osterdeiches sind weitere Sandbadestrände. Einer der ältesten Badeplätze Bremens lag einst an der Werderstraße, wurde aber wegen der Wasserentnahme des Wasserwerks aus hygienischen Gründen weiter flussaufwärts verlegt, in Höhe des Sielwalls. In der Flussmitte ein Schlepper mit Zuglast, der möglicherweise nachträglich in die Fotomontage einretuschiert worden ist. Vorn erkennt man mit dem Türmchen das Gebäude des Rudervereins »Oberweser«. Das weiße Gebäude ist möglicherweise ein zum Wasserwerk zugehöriges Wohnhaus. Durch die Zusammensetzung des Bildes aus unterschiedlichen Bestandteilen erscheint die Krümmung vom Osterdeich zum Alten Wall überproportional ausgeprägt. Dennoch kann man sehr gut den Kern Bremens erkennen, die Altstadt, die Türme des St. Petri Domes, der Liebfrauenkirche, des Verwaltungsgebäudes des Norddeutschen Lloyd, der Ansgarii- und Martinikirche auf der rechten Weserseite. Mit den prächtigen Bürgerhäusern am Altenwall zum Ostertor hin, der Altmannshöhe am Osterdeich mit den sich anschließenden Wallanlagen und dem Ostertorviertel präsentiert das Bild Bremen von seiner besten Seite. Die Große Weserbrücke führt zur Neustadtseite hinüber.

Der hier im Panorama gewählte Ausschnitt enthält eine klare Botschaft. Bremen ist sichtbar um die Weser zentriert, der Fluss besitzt zentrale Bedeutung für die Stadt. Er dient der Wasserversorgung (Wasserwerk), ist wichtiger Verkehrs- und Handelsweg für den Warentransport (Schleppkähne zur Mittel- und Oberweser) und mit der Vielzahl der Badestellen am Ufer zugleich ein Areal der Freizeitgestaltung seiner Bürger. Das Bild inszeniert die Weser als die Lebensader der Stadt.

Das obere Bild zeigt die Schlachte um 1890. Der ungewöhnliche Name leitet sich von »slait« ab, was das Einschlagen von Pfählen zur Befestigung des Weserufers bedeutet. Die Schlachte war ab Mitte des 13. Jahrhunderts bis gegen Ende des 19. Jahrhunderts der Haupthafen Bremens. Um 1250 hatten Kaufleute Land von der Martinikirche erworben, um einen neuen Hafen anlegen zu lassen. Noch bis zum 16. Jahrhundert war das Ufer lediglich mit Faschinen, einem Flechtwerk aus Weidenruten und Lehm, befestigt, erst dann ließ der Rat eine Kaimauer aus Sandstein mauern. Dahinter schloss sich ein Lager- und Ladestreifen an, dort warteten Träger und Pferdewagen auf Ladung, begrenzt wurde die überschaubare Fläche zum Stapeln der Ware durch repräsentative Kontor- und Kaufmannshäuser und reine Packhausbauten. Zu Beginn des 19. Jahrhunderts besaß die Schlachte fünf große, nachts geschlossene Pforten, zwei kleinere waren nachts geöffnet und davor Schildwachen der Stadtgarnison postiert. Das Haus des Schlachtevogts lag um 1850 jenseits des Verlaufs der 1875 errichteten Kaiserbrücke (heute Bürgermeister-Smidt-Brücke) im Stephaniviertel. Die Weserkähne machten direkt an der Kaje oder an Dalben fest, den eingerammten Holzpfählen. Auf dem Bild stehen die Wagen zum Abtransport der Güter schon bereit.

Mitte des 19. Jahrhunderts war die Versandung der Weser so weit vorangeschritten, dass die Fahrrinne streckenweise nur noch eineinhalb bis zwei Meter tief war. Deswegen wurden die Güter nun weiter weserabwärts auf Leichter und Weserkähne umgeladen, die an der Schlachte mit Wuppen und Eisenkränen entladen wurden. Die Aufnahme ist von der Kaiserbrücke aus gemacht, der Blick ist weseraufwärts gerichtet (links der Turm der Martinikirche, rechts im Hintergrund das Wasserwerk).

Die Postkarte von 1914 (unten) vermarktet den alten Hafenplatz nur noch als historische Attraktion, indem vor allem die prächtigen Handelshäuser entlang des Schlachteufers präsentiert werden. Zu dieser Zeit hatte die Schlachte als Umschlagsplatz bereits endgültig ausgedient. Der Freihafen I (Europahafen) war 1888 eingeweiht worden und damit hatte sich der Hafenumschlag entscheidend verlagert. Große Schiffe hätten ohnehin die 1867 nahe der Stephanikirche eingeweihte Eisenbahnbrücke nicht mehr passieren können.

Eine gewisse Rolle spielten an der Schlachte noch Schleppkähne und Binnenschiffe, und der touristische Ausflugsverkehr und Hafenrundfahrten nahmen stetig zu. Bestimmend sind nun jedoch nicht mehr Packhäuser und Warenumschlag, sondern die imposanten, prestigeträchtigen Wohn- und Geschäftshäuser. Im unteren Bild ist der westliche Teil der Schlachte zu sehen, am linken Bildrand ist auch die Kaiserbrücke zu erkennen, hier noch mit ihrem alten, an ein Burgtor erinnernden Portal. Nach dem Umbau von 1913 bis 1916 kennzeichneten stählerne Halbbögen des Industriezeitalters die Brücke. Bei dem schlichten weißen Haus, das vierte von links ab der Brücke, mit der Inschrift »Gebr. Sievers« handelt es sich um ein Kolonialwarenhandelshaus in der Langenstraße 92, zwei Häuser weiter, Hausnummer 94/95, hat die Buchdruckerei von Diercksen & Wichlein im Gutenberghaus ein repräsentatives Quartier gefunden (siehe das Schild über den Dachgiebeln). An der Ecke zur Kranpforte schließlich hat sich die Dampfschiffahrtsgesellschaft Neptun niedergelassen, diese Reederei besaß 45 vorwiegend kleinere Dampfer, welche hauptsächlich die Nord- und Ostsee befuhren und in der Flussschifffahrt eingesetzt wurden.

Bremen. Weserpartie an der Schlachte.
Gebr. Sievers

Die Schlachte im Jahr 1920: Die Skyline wird dominiert von dem imposanten, die anderen Gebäude deutlich überragenden Giebel der Reis- und Handels AG, der »Reisbörse«. Bis zum Zweiten Weltkrieg gründete die Mauer der Schlachte als echte Kaje direkt in der Weser. Im Vordergrund auf der Neustadtseite liegen Binnenschiffe. Bremen war nicht nur Fernhandelsstadt, auch Frachtverkehr und Handel ins Binnenland im Mittel- und Oberweserraum waren seit Jahrhunderten bedeutsam.

Der Fluss bot den an seinen Ufern lebenden Menschen viele Existenzmöglichkeiten. Wo es einen Hafen gab, gab es auch immer Arbeit, zum Beispiel im Umschlag, im Transport und im Handel oder man bot sich den Reedern oder Binnenschiffern als Seemann an.

Für Städte wie Münden, Höxter, Hameln und Minden war ihre Lage an der Weser eine wesentliche Basis für die wirtschaftliche Blüte der Renaissance im 17. Jahrhundert. Über den Fluss handelte man Getreide, Holz, Keramik, Salz und andere Produkte gewinnbringend in den Norden, insbesondere über Bremen. Importgüter waren überwiegend Waren wie überseeische Weine oder Tee, Produkte Norddeutschlands wie Fisch, Milch, Leinsamen, Textilien und Hausrat. Die im 17. und 18. Jahrhundert auf der Weser eingesetzten hölzernen Schiffe, die »Weserböcke«, besaßen eine Tragfähigkeit von 30 bis 70 Tonnen. Bei Fahrten flussabwärts nutzte man die Strömung aus, wobei an Untiefen oftmals gestakt werden musste, und es gab auch Böcke mit Mast und Segel. Stromaufwärts wurden die Kähne mittels Seilzug getreidelt. Der Schiffszug erfolgte durch Menschen oder, besonders in späterer Zeit, durch Pferde. Für diesen Zweck mussten die Ufer mit Leinpfaden versehen werden. Erst die in der zweiten Hälfte des 19. Jahrhunderts aufkommende Schleppschifffahrt mit dem Einsatz motorisierter Schlepper machte das kräftezehrende Treideln überflüssig. Anfangs wurden die Schlepper mit Dampfmaschinen betrieben, der Dieselmotor fand ab Mitte der 1920er Jahre in der Binnenschifffahrt weite Verbreitung. Die Schlepper zogen jeweils drei bis vier Schleppkähne, die selbst ohne Antrieb waren. Die jetzt stählernen Kähne auf der Weser besaßen eine Länge von etwa 60 Metern, eine Breite von acht bis neun Metern und eine Tragfähigkeit von bis zu 600 Tonnen.

Nach dem Zweiten Weltkrieg lösten die schnelleren Motorgüterschiffe die Schleppschifffahrt ab. Gegenwärtig werden auf der Oberweser noch rund 30.000 Tonnen Güter jährlich mit dem Binnenschiff befördert. Dabei handelt es sich überwiegend um Getreide, das aus Beverungen, Holzminden und Hameln in Richtung Bremen transportiert wird. Auch Kiestransporte aus der Region Rinteln sind von einiger Bedeutung. Auch unter touristischen Gesichtspunkten ist die Weser für die Fahrgastschifffahrt sowie für die Freizeit- und Sportschifffahrt wichtig.

Zwei Aufnahmen von der Schlachte 1898–1900. Als Umschlagplatz hat sie enorm an Bedeutung verloren. Allerdings gibt es noch eine große Anzahl an Packhäusern und auch Schiffsanlegern. Auf dem Schild auf der Kaimauer ist Norddeutscher Lloyd und Vegesack vermerkt. Der kleine Flussdampfer ist die »Libelle«, die im Linienverkehr zwischen dem Schlachteanleger und Vegesack eingesetzt wurde. Davor liegt ein Fischerboot mit zahlreichen Körben an Bord.

Die nahezu identische Szenerie mit den zwei Fahrzeugen wirft die Frage auf, ob beide Fotos vielleicht kurz nacheinander aufgenommen wurden. Ein genauer Blick jedoch verrät: Außer den ungleichen Betrachtern des Geschehens ist der Wasserstand der Weser ein anderer, und während rechts der Baum in der Bildmitte in vollem Laub steht, ist unten sein kahles Geäst erkennbar.

Auf beiden Fotos blicken wir von der Kaiserbrücke stromabwärts die Wasserseite des Stephaniviertels entlang. Vorn rechts die zwischen Langenstraße und Schlachte liegenden Gebäude des Handelshauses Melchers & Co., in der Mitte der Uferzeile ragt der Turm der Stephanikirche hervor. Auf dem rechten Bild ist links in Verlängerung des Dampferschornsteins ein charakteristisches rundes Türmchen zu erkennen. Es ziert das Packhaus der Speditionsfirma Hagens, Anthony & Co. Direkt hinter dem Baum steht mit der »Aschenburg« die von Christian Lahusen, dem Gründer der Delmenhorster »Nordwolle«, 1869 im Stil der Tudor-Gotik erbaute Villa. Das unschärfere Foto der Postkarte zeigt im Hintergrund die 1866 in Betrieb genommene Eisenbahnbrücke für die Strecke nach Oldenburg. Mit Ihrem Bau wurden die Schlachte und die Packhäuser des Stephaniviertels endgültig vom Seeschiffsverkehr abgeschnitten. Links die Brauereien und anderes Gewerbe der Neustadt.

Blick von der Weserseite auf die Wasserseite der Tiefer im Jahr 1898. Für die Zollschuppen waren schon zu Beginn des 19. Jahrhunderts etliche Giebelhäuser abgerissen worden, seit dem Bau des großen Zollschuppens bekam die Weserfront 1857 den neuen Charakter, den das von der Großen Weserbrücke aus aufgenommene Foto zeigt.

In Bremen wurde Mitte des 19. Jahrhunderts viel über einen Beitritt der Stadt zum Deutschen Zollverein diskutiert und gestritten, die Überseekaufleute waren dagegen, Gewerbe und Industrie dafür. Die Kaufleute wollten ihre Waren nach dem Import zollfrei weiter auf den Seeweg schicken können, die Bremer Produzenten wollten zollfrei ins Binnenland liefern. Als Kompromiss wurden Teile des bremischen Staatsgebietes an den Zollverein angeschlossen, an der Tiefer und im Weserbahnhof entstanden Niederlassungen des Zollvereins. Die Tiefer lag nahe der Weser, hier wurden in den Schuppen die Waren der Binnenschifffahrt verzollt. So sieht man auf diesem Foto auch eine Reihe von Binnenschiffen.

Die Tiefer ist eine alte Straße, die in der Altstadt oberhalb der Weser zwischen der Großen Weserbrücke und dem Osterdeich verlief und 1333 als Tivera bezeichnet wurde. In dieser mittelalterlichen Zeit trennte noch die Balge, ein Nebenarm der Weser, das Gebiet rund um die Tiefer von der Altstadt. Die so geschaffene Balgeinsel entsprach dabei weitestgehend dem späteren Martini- und Tieferviertel. Zu jener Zeit hatte die Balge eine Breite von 30 bis 50 Metern. Der Name, der für das ganze Viertel zwischen Weser, Kloster- und Stavenstraße stand, ist nicht genau zu deuten, »Tie-vere« wurde bisher mehrfach auf Tie, für Versammlungsplatz oder Thingstätte, und auf vere, die Fähre, bezogen. Jedenfalls war 1737 die Bezeichnung »Auff der Tiver« bekannt.

Mit dem Ausbau der Schlachtehäfen veränderte sich auch das Bild an der Tiefer. Vier Jahre nach dieser Aufnahme entstanden die Dienstgebäude des Straßen-, Deich- und Wegebauamtes, woraus dann die Wasserstraßendirektion wurde. 1913 wurde ein neues Zollgebäude errichtet.

Ein Blick ins Viertel an der Tiefer aus der Zeit vor dem Ersten Weltkrieg, ein Foto von Heinrich Harting. Das Bild ist an anderer Stelle auch schon wesentlich jünger datiert worden, in das Jahr 1938. Die Mode der Menschen auf der Straße wie auch das singuläre Fahrrad sprechen allerdings für eine frühere Datierung. Da auch über den Fotografen Heinrich Harting keine Informationen vorliegen, lassen sich auch auf diesem Wege keine weiteren Rückschlüsse auf die Datierung ziehen. Einzig die rechts knapp ins Bild ragende Gebäudeecke verrät, dass das Foto nach 1909 entstanden ist, denn sie gehört zum in jenem Jahr fertiggestellten Neubau des Staatsarchivs an dieser Stelle. Das Adressbuch verzeichnet für das Viertel neben Gastwirten, Schneidern, Arbeitsmännern und Frisören unter anderem Hutfabrikanten, Branntweinbrenner und Zollamtsdiener, Kontore und Packhäuser wie auch die »Kupferwaarenfabrik« von Arndt, und belegt damit die gewerbliche Nutzung der Straße. Zum Bereich der Tiefer gehörten auch die Klosterstraße, die zum früheren Pauls-Kloster vor der Stadtmauer führte, und die Stavenstraße in den Schnoor.

Um 1820 gab es rund um die Tiefer an die 110 Wohn- und Geschäftshäuser, circa 60 Häuser sollen direkt an der Straße gestanden haben. Um 1860 lebte auch das Stadtoriginal Heini Holtenbeen hier, »Auf dem Tiefer Nr. 20«.

Auf dieser vorderseitig auf das Jahr 1905 datierten Postkarte sehen wir die »Pfennigbrücke« genannte Fußgängerbrücke über die Kleine Weser. Der Blick richtet sich auf die Neustadtseite, der Fotograf fotografiert weseraufwärts. Der 1894 gebaute Übergang bezog seinen Namen von dem beim Übergang als Brückengeld zu entrichtenden Pfennig. Nachdem 1903 die Kleine Weserbrücke eingeweiht worden war, verlor sie zunehmend ihre Bedeutung. Rechts von der Brücke steht die St. Pauli-Kirche. Die einfache Saalkirche mit ihrem charakteristischen Dachreiter wurde nach holländischem Vorbild 1679–82 an der Osterstraße errichtet, zuvor hatte die Gemeinde in der Neustadt nur ein einfaches Haus als Bet- und Predigtsaal besessen. Die Gemeinde bildete sowohl ein kirchliches wie soziales Zentrum in der Neustadt. Laut Adressbuch des Jahres 1884 gehörte die Kirchspielschule von St. Pauli unmittelbar zum Gemeindekomplex, sie trug dieselbe Hausnummer 19 wie der Kirchenbau. Der Pastor Eicke fungierte auch als Oberlehrer der Schule. Neben ihm gab es noch sechs weitere Lehrkräfte, die acht Klassen mit insgesamt 450 Schülern unterrichteten. Im Nachbarhaus 19a wohnten der Pastor, eine Klavierlehrerin, eine Lehrerin und ein Referendar. Im Haus Nr. 21 (links versetzt) war das Marthasheim untergebracht, das sich um gefährdete Mädchen kümmerte und ihnen Arbeitsstellen vermittelte. Um 1910 gab es hier dann auch eine »Mädchenbildungsanstalt«, in der Unterricht in häuslichen Arbeiten sowie Rechnen, Lesen und Schreiben angeboten wurde. Auch durchreisende Frauen konnten hier eine Unterkunft finden.

Im an das kirchliche Areal angrenzenden Gebäude befand sich die Essigfabrik Bollmann. Es folgten Kontorhäuser, Bierhallen und Weinhandlungen. Ganz hinten am Ende der Uferlinie verzeichnet der Stadtplan die »Seefahrtsschule am Holzhafen«, also der Piepe. Nicht zufällig sind hier an der Pfennigbrücke also die Flöße mit ihrem Holz vom Oberlauf der Weser festgemacht.

Bremen 1905 – Kl Wesebrücke mit St. Paulikirche

Dieses Bild zeigt das westliche Ende des Teerhofs, die schmale Landzunge zwischen Großer und Kleiner Weser. Im 19. Jahrhundert wurde der Teerhof aufgehöht, ab 1897 war er nicht nur von der Weserbrücke, sondern auch von der Kaiserbrücke befahrbar, mit Sicherheit auch ein Grund, warum im selben Jahr hier das Geschäftshaus der Tabak- und Kommissionsfirma Hagens & Co., zugleich eine Zigarrenfabrik mit Versand, gebaut wurde. Das Foto von 1898 dokumentiert die »Hagensburg« in all ihrem geflissentlichen Pomp wie die in ihr demonstrativ zur Schau gestellte prestigeträchtige wirtschaftliche und gesellschaftliche Potenz ihrer Besitzer. Dem historistischen Zeitgeist entsprechend, entwarf der Architekt Johannes Rippe das Kontorhaus im Stil einer mittelalterlichen Burg mit zwei Türmen und langer Tordurchfahrt.

Bremen war im Laufe des 19. Jahrhunderts zu einem internationalen Zentrum des Tabakhandels und der Tabakverarbeitung aufgestiegen, die Architektur drückt die ökonomische Bedeutung des Tabaks eindrucksvoll aus. Die Packhäuser stehen direkt am Wasser, über Winden kann die Ladung in die einzelnen Böden gehievt werden. 1917 wird die Tabakfirma C.F. Vogelsang in die Hagensburg einziehen, 1923 die Kaffee-Großrösterei Schilling mit ihrem Versandgeschäft. Damit wurde aus der Hagensburg die »Weserburg«.

Der Name Teerhof verweist auf eine Teerhausanlage im 17. Jahrhundert, hier lagerte man auch Teer zur Bearbeitung von Schiffsrümpfen und Segeln. An der Westspitze stand bis 1669 eine Bockwindmühle zum Mahlen von Getreide. Bockwindmühlen waren eine bedeutende technische Neuerung; bei diesem Mühlentyp ruhte das Mühlenhaus lediglich auf einem einzelnen starken Pfahl, dem »Bock«. Mit der Hebelwirkung vom Außenbalken konnte sie in den Wind gedreht werden und die Windkraft unabhängig von der Windrichtung effektiver nutzen.

Auf diesem um 1872 aufgenommenen Foto auf der fälschlich mit der Jahresangabe »1890« versehenen Postkarte blicken wir von der Neustadtseite in Richtung Osten auf den Teerhof, hinten links im Bild der Turm der Martinikirche. Bis in die 1920er Jahre wird der mit Ufermauern befestigte Teerhof fast die gesamte Uferfront über mit Packhäusern bebaut werden.

Den Bildvordergrund beherrschen Flöße. Das Holz liegt bereit für die Werkstätten auf dem Teerhof. Steigende Bevölkerungszahlen zum Ende des Mittelalters führten zu einer steigenden Nachfrage nach Brennholz. Bereits im 12. und 13. Jahrhundert verlangten das Wachstum der Städte, der Schiffbau und der Ausbau der Hafenanlagen vermehrt nach Bauholz, das aus dem Weserbergland per Flößerei nach Bremen geliefert wurde. Ausgangspunkt der Flößerei waren Orte wie Gimte, Gieselwerder oder auch Hannoversch-Münden. Hier wurden die »Dielenflöße«, der häufigste Floßtyp auf der Weser, zusammengestellt. Den absoluten Höhepunkt erlebte die Flößerei in Deutschland mit der Beschleunigung der Industrialisierung in der zweiten Hälfte des 19. Jahrhunderts. Doch noch bis in die 1960er Jahre wurde Holz die Weser hinuntergeflößt, 1964 allerdings passierten nur noch vier Flöße die Schleuse in Hameln. Am rechten Bildrand ist ein Weserkahn zu sehen.

Das Bild versteckt aber auch fast unsichtbare Hinweise auf die hygienischen Probleme der Stadtentwicklung. Wo viele Menschen dicht beieinanderwohnen, müssen sie sich Gedanken über die Entsorgung ihrer Fäkalien machen. Lange Zeit landeten die Exkremente einfach auf der Straße oder in der Weser. Die kleinen Bretterverschläge mit den Stützbalken zur Weser hinunter (im Bild ganz links und in der Mitte) sind Abtritte, die zum Teil als Erker direkt an die Häuser angebaut wurden. Vielfach grenzten diese Aborte direkt an die Küche, abgetrennt nur durch einen dünnen Holzverschlag. Der Fluss hatte tatsächlich viele Funktionen – und verlor die zuletzt genannte, als der Senat 1892 mit Einverständnis der Bürgerschaft verordnete, dass »menschliche Auswurfstoffe« nicht länger in die Kleine Weser entsorgt werden dürfen und die »vorhandenen Ableitungsvorrichtungen« kurzfristig beseitigt werden müssen.

Bremen 1890 – An der kl. Weser

Diese 1928 von der Neustadt aus über die Kleine Weser hinweg aufgenommene Fotografie zeigt die Rückseite der an der Herrlichkeit gelegenen Häuser, und zwar die Badeanstalt von Frickenhelm (12/13, mit Schornstein und Nebenbäuden) und die Gerberei Engelmann (13 b).

Im mittleren und östlichen Teil des Teerhofs befanden sich ab Mitte des 18. Jahrhunderts ca. 50 Wohnungen und Werkstätten von Handwerkern und Kleingewerbetreibenden. Noch im Spätmittelalter verlegte man gefährliche Tätigkeiten wie das Kalfatern von Schiffen mit brennbarem Teer an den Rand der Städte. Das galt auch für geruchsintensive und anderweitig belästigende Aktivitäten. So gelangte wohl auch die Gerberei auf den Teerhof, denn im Umkreis von Gerbereien stank es erbärmlich. In den Gerbereien werden Tierhäute für eine folgende Lederherstellung konserviert. Das Gerben ist eine der ältesten kulturellen Errungenschaften der Menschheit, Leder eines der ersten vom Menschen produzierten Materialien. Durch den Einsatz von Gerbstoffen werden die Häute geschlachteter Tier in zahlreichen Arbeitsschritten, dem Enthaaren, Entfleischen, Spalten dicker Häute, Abwelken, Bleichen, Färben, Fetten, Entwässern, Strecken und Trocknen, letztendlich zu Leder, Pelzen oder Fellen verarbeitet. Daraus stellen dann meist nachfolgende Gewerbe Schuhe, Bekleidung, Taschen oder Polstermöbel her. Aus fotografischer Perspektive sind das Licht und die Spiegelungen im Wasser der Kleinen Weser bemerkenswert.

Im Februar 1881 stürzte bei einem Hochwasser das Bollwerk am Weserbahnhof auf 30 Meter ein, im Dezember desselben Jahres brachen weitere Teile der Fassade zusammen. Planen sollen die entstandenen Öffnungen schützen. Die Ausdehnung der notdürftigen Abdeckungen lässt erahnen, welche Ausmaße die Zerstörung von Kaimauern und Lagerflächen besaß.

Das Medium Fotografie konnte mit einem solchen »Katastrophenbild« nicht nur frühe Sensationslust befriedigen. Darüber hinaus entwickelte es sich zu einem Mittel, das ein Ereignis wie Hochwasserschäden anschaulich und detailliert festhält. Es hätte somit auch als »Beweismittel« bei der Schadensregulierung oder im Rahmen der baulichen Wiederherstellung von Nutzen sein können.

Gründungsidee des 1857–59 gebauten Weserbahnhofs war es, den Hafen mit dem Seeverkehr direkt an das sich entwickelnde Schienennetz anzubinden. Die Nutzung des neuen Verkehrsmittels Eisenbahn für den Warentransport sowie der direkte Umschlag vom Schiff auf die Bahn waren eine bahnbrechende Neuerung in der Logistik des Hafenbetriebs. Die Waren mussten nicht mehr mühselig mit Pferden zu den Packhäusern gebracht werden, in den fünf aneinanderangrenzenden Schuppen konnte man größere Warenmengen schneller von der Weser in Waggons umschlagen. In dem Gebäude befand sich auch eine sogenannte Zollvereinsniederlage, eine Einrichtung, in der Waren unverzollt gelagert werden konnten.

Das 1930 von Heinrich Raschen aufgenommene Foto zeigt den alltäglichen Blick über die Kaje des Weserbahnhofs. Dort bringen Binnen- und kleinere Seeschiffe Güter, die per Kran umgeschlagen werden. Unter dem Kran liegen Eisenträger, rechts warten Eisenbahnwaggons auf ihre Abfertigung. Im Bildhintergrund fährt ein Frachter in den Hohentorshafen ein.

Der Weserbahnhof war 1859 mit Anschluss an die Hannoversche Eisenbahn in Betrieb genommen worden, ein Jahrzehnt darauf erfolgte mit dem Bau der Strecke nach Oldenburg die Fortführung in Richtung Westen. Damit sollte die schnelle und profitable Verknüpfung von Seeverkehr und Transport ins Binnenland erweitert werden.

Drei weitere Fotos von Heinrich Raschen aus dem Jahr 1930:

Der junge Mann auf dem Bild unten steht auf der Neustadtseite auf der Höhe der Exportbrauerei Beck & Co. und betrachtet die »Skyline« der Bremer Altstadt. Links die Packhäuser des Stephaniviertels und der Turm der Stephanikirche. Dort, wo die Häuserfront zurückspringt, liegt die Straße Hinter der Mauer. Im Hintergrund ragt der Turm der Ansgariikirche auf, links daneben ist der Turm des Verwaltungsgebäudes des Norddeutschen Lloyd in der Papenstraße zu erkennen. Rechts hinter der Kaiserbrücke sind die Türme des Doms und der Liebfrauenkirche auszumachen.

Rechte Seite oben: Blick flussabwärts auf die durch den Separationsdamm vom Hauptstrom abgetrennte Kleine Weser, kurz vor deren Ende. Links ist der Turm des Hafenhauses des Hohentorshafens zu sehen und weit im Hintergrund der Kirchturm von Woltmershausen. Auf dem rechten Weserufer stehen die Gebäude der 1901 gegründeten Bremer Reis- und Handels-Actiengesellschaft mit der Reismühle der Gebrüder Nielsen. Weserabwärts schließt sich das Gelände der Atlas-Werke an.

Rechte Seite unten: Hinter zwei im Strom vertäut ankernden Binnenschiffen ist sehr gut die charakteristische Wasserfront der Packhäuser des Stephaniviertels zu sehen. In Richtung Stadtmitte lagerten in den Häusern von Eggers & Franke an der Großenstraße 42/4648 vor allem Weine, zwei Häuser weiter bei Martin Brinkmann Tabak und bei Joh. Lange, Hinter der Mauer, stapelten sich Kaffeesäcke. Links vom runden Turm der Firma Hagens & Anthony, im Adressbuch als Spedition für »Frachten aller Art« mit Kontor am Breiten Weg verzeichnet, schlossen sich die Lachsräucherei Klevenhusen und die Packhäuser der Firma Boves Nachfahren an. Stromabwärts sind dann die Torbögen der »Wichelnburg« zu erkennen, und die Bäume links am Bildrand gehören zur Schule an der Großenstraße 90.

BREMEN 30

Jahrhundertelang war die Schlachte der Bremer Haupthafen. Wollte die Hansestadt allerdings weiterhin ein ernst zu nehmender Partner im transatlantischen und globalen Handel bleiben, musste das Problem der Weserversandung dauerhaft gelöst werden. »Ludwig Franzius bahnte der Flut den Weg zur Stadt«, lobte man den für Weservertiefung und -korrektion verantwortlichen Ingenieur. Die gigantische Summe von 30 Millionen Goldtalern hatte der Professor für Wasserbau zur Verfügung, damit die Transatlantikdampfer Bremen wieder erreichen konnten. Noch in der Planungsphase der 1895 abgeschlossenen Vertiefung wurde ab 1885 der Hafenausbau energisch vorangetrieben. Der Freihafen I, später »Europahafen«, entwickelte sich zu einem bedeutenden Großprojekt, das die Aufbruchstimmung der Gründerjahre des Kaiserreiches eindrucksvoll zum Ausdruck brachte. Schon im ersten Betriebsjahr legten 280 Dampfer und Segelschiffe an den Kajen an. Erst 1884 hatte sich Bremen entschlossen, seine Sonderrolle im Deutschen Reich aufzugeben und dem reichsweiten Zollgebiet beizutreten. Das wirkte sich stimulierend auf die Industrialisierung der Hansestadt aus. Allerdings fühlte sich eine Handelsstadt wie Bremen auch einer Freihandelspolitik verpflichtet. Die Bremer Fernhändler waren daran interessiert, dass durchgehende Waren unverzollt passieren konnten und nur Einfuhrgüter einer Zollabgabe unterlagen. Die Freihafengebiete waren deshalb von der Zollunion ausgenommen. Innerhalb ihrer Grenzen durfte keine Industrieansiedlung stattfinden.

Rechte Seite oben: Blick vom Hafenkopf durch das Becken des 1888 eingeweihten Freihafens. Im Vordergrund der schwimmende Anleger, von dem aus bis zum Ersten Weltkrieg noch regelmäßig Passagierverkehr abgefertigt wurde. Einige Schuppen und Speicher sind noch im Bau. Wegen der erst im Vorjahr begonnenen Weserkorrektion sind nur Schiffe mit geringem Tiefgang an den Kajen zu sehen. Im Überseeverkehr lohnte zur Zeit der Aufnahme noch der Einsatz kostengünstiger Frachtsegler (rechts im Bild).

Der Hafen war 1,8 Kilometer lang, 105 Meter breit, besaß eine Kajenlänge von 3000 Metern und 19.150 Quadratmeter Schuppenfläche. Die Wassertiefe betrug 7,5 bis 8,75 Meter.

Rechte Seite unten: Mit der Übergabe des Hafens war 1888 auch das monumentale Hafenhaus fertiggestellt worden. Den aus aller Welt erwarteten Schiffen sollten der Stolz und die Größe der Hansestadt mit dem markanten burgartigen Turm und den zwei Treppengiebeln architektonisch eindrucksvoll vor Augen geführt werden.

Im Hafenhaus befanden sich neben der Hafenverwaltung und Dienstwohnungen auch teleskopische und meteorologische Instrumente. Auf dem Turm des spiegelsymmetrischen Gebäudes war eine Zeitballanlage installiert. Zu bestimmten Zeiten fiel mehrmals täglich ein großer, weithin sichtbarer Ball hinunter, sodass die Schiffer ihre Borduhren kontrollieren konnten.

Später wurde das Hafenhaus direkt an das Netz der Bremer Straßenbahn angeschlossen, und vor allem an Wochenenden kamen zahlreiche Besucher, um vom Hafenkopf aus die Schiffe und das Umschlaggeschehen hautnah zu erleben.

Das Bild aus dem Jahr 1898 zeigt einen Kupfertiefdruck, bei dem das zu druckende Foto als Vertiefung in eine Kupferplatte »gegraben« wurde. Nach Einfärbung der gesamten Druckform und Entfernen der überschüssigen Farbe sind nur noch die Vertiefungen eingefärbt.

Diese vom Bremer Verlag Dörrbecker hergestellte und vertriebene kolorierte Postkarte präsentiert ein inszeniertes Bild des Freihafens in seinen ersten Jahren. Die traditionellen Lastensegler an der rechten Kaje sind für die Reeder zwar noch rentabel, aber schon ein Auslaufmodell. Vor dem Siegeszug der Dampfschiffe gibt es noch die »Dampfsegler« wie in der Bildmitte. Sie kommen in der zweiten Hälfte des 19. Jahrhunderts zunehmend zum Einsatz, machen das Schiff von Wetterfaktoren unabhängig, da sie bei Flauten auf Dampf als Antrieb zurückgreifen können.

Rechts und links des schwimmenden Anlegers liegen Ausflugsdampfer. Links die »Forelle«, ein Schaufelraddampfer des Norddeutschen Lloyd, die die im Sonntagsstaat gekleideten Menschen gerade an Bord nimmt. Am Geländer des Hafenkopf verfolgt links eine Familie inklusive Hündchen interessiert das Geschehen. Schlepper, Kräne, Schuppen und Speicher, ein Schwimmkran, ein Radschlepper an der linken Kaje, eine Bark an der rechten Kaje vervollständigen das Idyll.

Die Postkarte soll die Bedeutung der Bremer Hafenwirtschaft demonstrieren und Besucher anlocken. Der Hafen wird dargestellt als Ansammlung pittoresk anmutender Gebäude, einer stolzen Reihe verschiedener Schiffstypen und Familien beim sonntäglichen Spaziergang. Der Hafen erscheint nicht als Umschlagsplatz für Waren aller Art, geschweige denn als Ort harter körperlicher Arbeit. Und auch für Schmutz, Unordnung, hektische Betriebsamkeit, gestapelte Kisten und Säcke, laufende Maschinen und die Arbeitswelt insgesamt ist kein Platz auf dieser sprichwörtlichen Postkartenidylle. Der Schreiber fügt sich darüber hinaus in das dargestellte Idyll ein, indem er in seinem Gruß gerade den vom Gestalter intendierten »heitren Sinn« hervorhebt: »Bei froher Laune + heitrem Sinn/Geh dir dieser Abend hin!«

BREMEN
Freihafen.
25/6 02
VERLAG VON
G.A. DÖRRBECKER, BREMEN.

Der Holz- und Fabrikenhafen wurde zwischen 1891 und 1900 angelegt. Hier fand nicht nur ihr Umschlag statt, die gelöschten Waren sollten auch sofort verarbeitet werden. Da die Ufer anfangs nur durch Böschungen befestigt waren, mussten die Firmen zunächst Löschbrücken anlegen. Vor allem Holz und Getreide landeten hier an. Am Fabrikenufer siedelten sich Speditionsfirmen, Lagereien und Holzhandelsfirmen an. Silos und Speicher wuchsen empor.

Am linken Bildrand ist ein Anleger zu erkennen, in der Mitte liegen kleine Küstensegler und ganz hinten ein Großsegler. Bei den dominant rechts im Bild zu sehenden Gebäuden handelt es sich um die Bremen-Besigheimer Ölfabrik. Mit dem ansteigenden Konsum von Margarine war auch der Bedarf an Pflanzenöl gewachsen. Die ursprünglich aus Besigheim in Süddeutschland stammende Ölmühlenfirma gründete 1895 im Holzhafen eine Ölfabrik, um durch einen größeren Import von Öl liefernden Früchten und die Veredelung der aus ihnen gewonnenen Öle ihr Geschäft auszuweiten. 1906 wurde die Fabrik bei einem Großbrand im Holz- und Fabrikenhafen schwer beschädigt. Die Ziegelarchitektur mit klaren vertikalen und horizontalen Linien sowie Gesimsen und Mauerblenden folgt der gründerzeitlichen Ästhetik, die erhaltenen Gebäudeteile stehen seit 2008 unter Denkmalschutz.

An der Löschbrücke in der Bildmitte wird die Ladung eines Binnenschiffes mittels Getreideheber mit Becherwerk entladen und per Förderband in die Fabrik transportiert. Wenige Jahre nach Erstellung dieser Aufnahme entstand links neben der Ölproduktion 1906/07 das große Kaffee-Hag-Werk.

Das Adressbuch von 1900 verzeichnet für die linke Seite des Holz- und Fabrikenhafens neben Lagerschuppen und dem Holzlager und Sägewerk Logemann & Wardenburg vor allem Firmen der Zementindustrie, so die Deutsche Cement und Bremer Portland Cement. Auf der rechten Seite liegen die Büros der Güter- und Zollabfertigung, Lagerschuppen, die Feuerwache 5, die Bremer Rolandmühle Aktien-Gesellschaft (mit dem Obermüller Schmidt), die Hansa-Mühle, Gercke, Deppen & Co., die Bremen-Besigheimer Oelfabriken (mit dem Werkmeister Klotz), die Hansalagerhäuser von J.H. Bachmann. Am Hafenkopf befanden sich die Feuerwache 5 und die Büros der Güter- und Zollabfertigung, aber auch verschiedene »Wirthe« und »Cantinen« fanden hier ihre Kundschaft von Hafenarbeitern und Seeleuten.

PHOT. & VERL. V. LOUIS KOCH BREMEN
Bremen Holz- und Fabrikenhafen.
24. 3. 00 S. M.

Die Pläne für den Bau eines dritten Hafenbeckens auf der rechten Weserseite nach Freihafen und dem Holz- und Fabrikenhafen waren schon 1899 weitgehend abgeschlossen. Der Wirtschaftsboom der 1890er Jahre und vor allem die Zunahme des Baumwollumschlags erforderten ständig größere Kapazitäten an Schuppen- und Speicherfläche. Die Fertigstellung des neuen Hauptbahnhofes und die fortlaufende Verdichtung des Schienennetzes hatten den Transport von Waren vom Hafen ins Binnenland und umgekehrt stark verbessert. Die Folge der fortwährenden Optimierung der infrastrukturellen Anbindung des Hafens waren rapide ansteigende Umschlagszahlen – und die dauernde Überlastung des Hafens. 1902 wurde zwischen dem Freihafen und dem Holz- und Fabrikenhafen mit dem Bau des »Freihafens II« begonnen. Bei der Inbetriebnahme 1906 war er mit einer ausgebauten Länge von 600 Metern und einer Breite von 100 Metern noch kleiner als der Freihafen I. Doch mit den Erweiterungsbauten 1911/12 und 1924–1926 erreichte er eine vergleichbare Kajenlänge und war schließlich noch größer geworden. Erst 1938 erhielt der »Freihafen II« den neuen Namen »Überseehafen«.

Oben: Blick in den Freihafen II Ende der 1920er Jahre. Der Fotograf steht vor Schuppen 14 an der südlichen Marcuskaje. Schlepper, Binnenschiffe, Dampfer, Kräne dominieren die Szenerie, das Bild vermittelt hektische Betriebsamkeit. Kein Zweifel, die Bremer Häfen boomen. Ein Reiseführer schwärmte über das Panorama: »Hier sind die Zehn- und Zwanzigtausendtonner zu Hause, die Riesen des Atlantik.« 1998 wurde der Überseehafen zugeschüttet, mit dem Siegeszug des Containers nahm die Bedeutung des Hafenbeckens von Jahr zu Jahr ab, da die Anlagen lediglich für den Stückgutumschlag geeignet waren. Container konnten dort nicht abgefertigt werden, dafür waren große Stellflächen und spezielle Brücken notwendig. Aber auch ein Hafenumbau kam nicht infrage, weil die Kajen marode waren und keine zur Einfahrt der größeren Containerschiffe notwendige Erhöhung der Wassertiefe zugelassen hätten. In der Folge verlagerte sich der Großteil des Bremer Umschlags nach Bremerhaven, wo bis heute auch sehr große Schiffe problemlos abgefertigt werden können.

Am Ende diente der Überseehafen nur noch als Namensgeber für das große Bremer Stadtentwicklungsprojekt »Überseestadt«. So besitzt dieses Foto aus der dritten Ausbauphase inzwischen sowohl dokumentarischen wie auch nostalgischen Wert.

Unten: Ein Blick in den Überseehafen 1930. Der Fotograf Heinrich Raschen hat sein Bild vom Schiff aus aufgenommen, die Perspektive richtet sich zentral in das sich in Richtung Hafenhaus verjüngende Hafenbecken hinein. Die Kaimauern erscheinen wie sich erst im Unendlichen schneidende Parallelen. Durch diese Perspektivwahl wirkt die Wasserfläche des Hafenbeckens mächtig und beeindruckend, die Schiffe und Kräne liegen eher marginal und unscheinbar am Bildrand. Was der Betrachter wahrnimmt, ist eine Fülle von sich in die Luft reckenden Schiffsmasten und Kränen, die regen Hafenumschlag und wirtschaftliche Bedeutsamkeit signalisieren, auch wenn im Einzelnen kein Schiff erkennbar beim Laden oder Löschen gezeigt wird.

NORDENHAM XI

Der amerikanische Frachter »Walter Colton« mit Heimathafen San Francisco läuft 1946 Bremen an, um bei Schuppen 13 im Überseehafen festzumachen und Mehl zu löschen. In diesem Fall lohnt es sich, dem scheinbar nebensächlichen Detail des Schiffsnamens die Aufmerksamkeit zuzuwenden. Waren die deutschen Schiffe beispielsweise nach Städten, Politikern, Militärs oder häufig auch nach der Ehefrau des Reeders benannt, so lieh diesem Dampfer ein Marinekaplan und Journalist seinen Namen.

Steuerbords liegen Binnenschiffe längsseits, auf der Kaje stehen die Waggons eines Güterzuges bereit. Dieser direkte Umschlag vom Schiff auf die ins Binnenland rollende Bahn und zusätzliche Gleise auf der anderen Schuppenseite an der Straße zu den Speichern war als »Bremer System« weit bekannt.

Bei Kriegsende war der Hafen zu über 90 Prozent zerstört. Von ehemals über 200 Speicher- und Schuppenkränen waren nur noch zwölf intakt, aber auch nach Zusammenbruch der Engergieversorgung zwischenzeitlich unbenutzbar. 88 Prozent der Schuppen und ein Drittel der Gleisanlagen waren zerstört. 230 Schiffswracks versperrten die Hafenbecken.

Bremens exponierte Stellung als großer Hafenplatz, seine Rüstungsbetriebe und seine allgemeine logistische wie militärische Bedeutung hatten die Stadt zu einem bevorzugten Angriffsziel der Alliierten gemacht. Über 900.000 Bomben legten Bremen während des Zweiten Weltkriegs in Schutt und Asche. Insgesamt flogen die Alliierten 173 Luftangriffe. Allein in der Nacht vom 18. auf den 19. August 1944 bombardierten 272 Lancaster, Halifaxes und Mosquitos mit insgesamt 1200 Tonnen Sprengstoff an Bord den Bremer Westen.

Doch schon im Juli 1945 begannen im Überseehafen die Aufräumungsarbeiten und am 10. September lief das erste Handelsschiff wieder den Europahafen an. »Erst der Hafen, dann die Stadt« – nach dieser legendären Maxime Bürgermeister Wilhelm Kaisens wurden fast alle Baukapazitäten in den Wiederaufbau der Häfen gesteckt. 130 Millionen D-Mark investierte Bremen bis 1950. Ende des Jahrzehnts boomte die Hafenwirtschaft, nicht selten mussten einlaufende Schiffe bis zu drei Tagen warten, bis ein Kajenplatz frei wurde. Der Hafensenator stöhnte: »Die Kapazität der bremischen Häfen im Stückgutumschlag ist völlig erschöpft.« In den 1960er Jahren verliefen in den stadtbremischen Häfen mehr als 250 Kilometer Schienengleise, auf denen täglich bis zu 5000 Güterwaggons rollten. 70 Prozent aller deutschen Baumwollimporte gingen über die Drehscheibe Bremen ins Binnenland, die Kaufleute importierten Kaffee im Wert von einer Milliarde D-Mark, insgesamt 18 Millionen Tonnen Fracht wurden umgeschlagen.

WALTER
SAN FRA
WD-556

Schiffbau auf der AG »Weser« in der zweiten Hälfte der 1950er Jahre. Mehrere Rümpfe in unterschiedlichen Stadien der Fertigstellung liegen in den Docks. Rechts das Wahrzeichen der AG »Weser«, der Hochhelling, von dem aus 1928 schon der legendäre NDL-Liner »Bremen IV« zu Wasser gelassen wurde. Diese 215 Meter lange Anlage wurde 1953 wieder eingeweiht, nachdem sie im Zuge der Demontage nach dem Krieg hatte gesprengt werden müssen. Das Bild drückt einerseits emsige Betriebsamkeit aus, doch Menschen sind auf dem riesigen Werftgelände kaum auszumachen. Maschinen, Kräne, Baumaterialien dominieren. Nach Krieg und Demontage konnte sich die AG »Weser« in den ersten Nachkriegsjahren mit Schiffsreparaturen und Maschinenbau über Wasser halten. 1951 fiel das Schiffbauverbot, und ein Nachfrageboom bei Schiffen zeichnete sich ab. Die AG »Weser« entwickelte sich zum Symbol des Wiederaufbaus, zwischen 1952 und 1959 verdreifachte sich die gelieferte Tonnage auf fast 310.000 BRT. Acht bis zehn Monate waren für den Bau eines Schiffes zu veranschlagen. Im Hintergrund des Bildes ist links die Getreideanlage zu erkennen.

Bild unten: Schweißer bei der Arbeit. Eine der bedeutenden Modernisierungsmaßnahmen im Schiffbau der Nachkriegszeit war der beschleunigte Übergang zur Sektionsbauweise. In diesem Kontext verdrängt das Schweißen allmählich das Nieten. Damit ließen sich erhebliche Kosten einsparen. Während der Schweißer seine Arbeit allein verrichtet, erforderte das Nieten eine Kolonne von vier Mann. Darüber hinaus verbesserte die Schweißtechnik Qualität und Sicherheit des Schiffes. Bei der neuen Bauweise werden die einzelnen Sektionen des Schiffes mit allen Einrichtungen und Rohrleitungen in den Werkstätten vorgefertigt und erst auf dem Dock montiert. Bei dem traditionellen Spantenbau hingegen wurde zuerst der Kiel des Schiffes auf dem Helgen verlegt, und dann erfolgten durch das Aufbringen der Stahlplatten die Auskleidung des Schiffsgerippes und die Entstehung des Rumpfes. Nach dem Stapellauf wird das Schiff dann am Ausrüstungskai vollends fertiggestellt.

Durch den hohen Auftragsbestand hatte die Werft bis 1958 dauernden Bedarf an der Erweiterung ihrer Produktionsanlagen wie auch an Arbeitskräften. Die Blüte des Schiffbaus in den 1950er Jahren ließ die bremische Wirtschaftsleistung insgesamt weit überdurchschnittlich ansteigen und die Arbeitslosigkeit entsprechend sinken; schon 1951 zählte die Werft rund 2000 Beschäftigte.

Neben dem Hafen insgesamt gibt es wohl kaum einen Bremer Betrieb, der für die Wirtschaft und das allgemeine Bewusstsein in der Stadt so bedeutsam war wie die »Aktiengesellschaft ›Weser‹«, liebevoll »Use Akschen« genannt. In zahlreichen Familien gab es Mitglieder, die in Verbindung mit ihr standen und an so legendären Schiffen wie der »Olympic Cloud« oder der »Esso Mercia« mitgebaut hatten.

In den Jahren von 1956 bis 1958 fotografierte der Arzt Georg Hoffmann häufig auf dem Gelände der Traditionswerft. Seine Bilder sind von einer erstaunlichen Qualität, und als hätte er die hohe Bedeutung von »Use Akschen« für die Identität Gröpelingens und Bremens insgesamt zeigen wollen, machte er sich daran, die Werftarbeiter in Aktion, die Schiffe und Helgen wie in einer Milieustudie zu inszenieren. Die Fotografien ermöglichen eine faszinierende Zeitreise in ein Stück Heimatgeschichte, die sicher auch nostalgische Emotionen hervorruft.

Schon im 17. Jahrhundert verhinderte die Versandung der Weser, dass größere Schiffe nach Bremen gelangen konnten. Daher ließen Bremer Kaufleute und das Haus Seefahrt von 1619 bis 1623 ein künstliches Hafenbecken in Vegesack anlegen, das sowohl als Winterhafen als auch zum Warenumschlag dienen sollte. 1648 wurde dann auch das erste Havenhaus als Sitz des Hafenmeisters mit Gastwirtschaft nach dreijähriger Bauzeit in Betrieb genommen. 1671 übernahm die Stadt Bremen die Verwaltung des Vegesacker Hafens.

In nächster Umgebung des Hafens lagen auch die geschichtsträchtigen Werften von Lange (1806–1893), Sager (1814–1896), Jantzen (1770–1810) und Ulrichs (1838–1895). Der Bremer Vulkan markiert die letzte Epoche des Schiffbaus im Bremer Norden (1893–1996). Die Postkarte von 1893 zeigt die noch vorindustrielle Lange Werft. Zwischen der Einfahrt zum Vegesacker Hafen (linker Bildrand) und der Auemündung, später auch auf der Grohner Seite, richtete Johann Lange zu Beginn des 19. Jahrhunderts zwei Schiffbauplätze ein. Hier war 1816/17 das erste Bremer Dampfschiff, die »Weser«, in traditioneller Bauweise von Handwerkern entstanden. Die Dampfmaschine aber, die das Schiff erst zum Dampfer machte, musste seinerzeit noch importiert werden. Nicht zufällig ging so der Übergang zum industriellen Schiffbau auch von dieser Werft aus, im Jahr 1893 wurde hier die Aktiengesellschaft Bremer Vulkan gegründet. Für die Pläne der expandierenden Gesellschaft erwies sich das Gelände an der Lesum-Mündung schon nach zwei Jahren als zu klein. Der Bremer Vulkan kaufte das flussabwärts gelegene Gelände der Ulrichs-Werft am Fährgrund. In der Bildmitte sind hinten die Packhäuser in der Nähe des Vegesacker Hafens zu sehen. Die rudernden Frauen im Bild sind nachträglich hineinretuschiert, um der Szenerie mehr Leben zu verleihen, das Bildsegment wäre sonst leer und öde.

VEGESACK von der Lesum-Mündung aus gesehen
im Jahre 1893

Der Utkiek in Vegesack, 1914. Die Gebäude links im Vordergrund sind die Packhäuser der Firma Schröder & Co., die um 1750 gebaut und 1922 abgebrochen wurden. Im Bild rechts sehen wir die Weserfähre nach Lemwerder und die Hafeneinfahrt, links würden sich die Villengärten des Hohen Ufers, die bis an die Weser reichten, anschließen. Der Abriss der Packhäuser hing wahrscheinlich damit zusammen, dass den Vegesacker Villenbesitzern am Fluss 1924 ein Uferstreifen von ihren Gärten abgetrotzt wurde. Diese Gärten reichten bisher von der Weserstraße auf der Düne bis an den Fluss und versperrten den Vegesackern jeglichen Zugang zum Sandstrand an der Weser. Als die Stadt den Uferstreifen erworben hatte, mussten auch Gewerbebauten am Utkiek verschwinden.

Vielleicht erklärt das den seltsamen Bildausschnitt. Das Havenhaus als die eigentlich wichtige Institution verschwindet im Bild hinter dem eher hässlichen Gewerbebau. Es ist vorstellbar, dass es dem unbekannten Fotografen aber gerade darum ging, das auf den Abriss wartende Gebäude noch einmal im Bild festzuhalten. Dieser Abriss war jedenfalls ein Teil der Vorarbeiten, welche zur heutigen Flaniermeile am Fluss führten.

Einst wurde der Utkiek dazu genutzt, um nach den heimkehrenden Walfängern Ausschau zu halten, ein in den 1950er Jahren aufgestellter Walkiefer hält – inzwischen in Bronze gegossen – noch heute die Erinnerungen an die Zeit der »Grönlanders« und den Walfang wach.

Hinter den Bäumen liegt das Havenhaus mit seiner rund 200-jährigen Geschichte. Das Holzgerüst ganz rechts im Bild ist der Anleger für die Fähre aus Lemwerder, und dahinter ist das ehemalige Verwaltungsgebäude der Lürssen-Werft zu sehen; der rauchende Schornstein im Hintergrund gehört zur Norddeutschen Steingutfabrik. Fotografiert wurde vom Wasser aus – hatte vielleicht der Fotograf weserabwärtsfahrend den richtigen Zeitpunkt verpasst, auf den Auslöser zu drücken?

Viele Jahrzehnte bestimmten die Heringslogger das Bild des Vegesacker Hafens. Die Heringsfischerei war ein boomender Wirtschaftszweig, der vielen Menschen Arbeit gab und dem Stadtteil ein wichtiges Stück Identität verlieh. So dokumentiert das Foto von Heinrich Raschen aus dem Jahre 1933 mit den am Kai liegenden Fangbooten auch eine vergangene wirtschaftliche Blütezeit, der viele Menschen noch heute nachtrauern. Das Foto erzielt seine Wirkung nicht nur durch die tatsächlich dort liegenden Schiffe, sondern auch durch deren im Wasser schimmernden Spiegelungen, die den Eindruck der enormen Dichte von Schiffskörpern im Hafenbecken noch verstärkt. Das Foto ist dennoch auch ein Dokument des Wandels, denn bis zur Gründung der Bremen-Vegesacker Fischereigesellschaft 1893 gab es keine nennenswerte Heringsfängerei in Vegesack. In den folgenden Jahrzehnten hatte dieses Unternehmen viele Krisen zu überstehen, so in den 1930er Jahren, als es nur aufgrund mehrerer Subventionen des Deutschen Reiches überlebte. Im Rahmen seiner Autarkiebestrebungen wollte das Deutsche Reich den Hering, dem ja häufig das Image des »Arme-Leute-Essens« anhaftete, salonfähig machen und erweiterte so die Fangkapazitäten.

Am Bug der Logger erkennt man den Heimathafen: Die Kürzel »BV« stehen für Bremen-Vegesack und »PG« für Preußisch-Geestemünde. Der Logger BV 46 (zweiter von rechts) hieß »Pelikan«, wurde 1920 auf der Thyen-Werft in Brake für die Bremen-Vegesacker Fischerei gebaut und ab 1940 als »Kriegshilfsschiff« eingesetzt. Rechts im Bild die Schornsteine der 1869 von Bremer Kaufleuten gegründeten Norddeutschen Steingutfabrik, ein industrielles Wahrzeichen von Bremen-Nord.

Heinrich Raschen fotografierte 1933 diese Szenerie in Bremen-Nord. Im Vordergrund liegt ein Fischkutter aus Fähr auf dem Sandstrand von Lemwerder, zu identifizieren an der Aufschrift FÄ am Bug. Auf der gegenüberliegenden Seite sind die Werftanlagen des Bremer Vulkan zu sehen. Die Bremen-Vegesacker Heringsfischerei war ein erster wichtiger Auftraggeber für den noch jungen Vulkan. Sie musterte die veralteten Segellogger zunehmend aus und bestellte bei der Werft zahlreiche moderne Motorlogger. 57 Dampf- und Motorlogger gingen durch den Ersten Weltkrieg verloren und mussten ersetzt werden. Bis Ende der 1930er Jahre waren sämtliche Segellogger ausgemustert. Allein im Jahre 1932 ließ das Deutsche Reich auf Staatskosten 30 Motorlogger bauen, die den Heringsfanggesellschaften gegen Eintrag einer Schuld überlassen wurden.

An der Vulkankaje liegt der Frachter »Göttingen« des Norddeutschen Lloyd zur Reparatur. Der Vulkan wurde 1893 in Übernahme der Langeschen Werft gegründet, zwei Jahre später der Schiffbauplatz in Fähr erworben. Die große Halle ist die Maschinenbauhalle, die der Vulkan 1900 von der Pariser Weltausstellung gekauft hatte. Die Schornsteine gehören zur Kesselschmiede und Kraftzentrale. Hinter dem Dampfer ist die Halle für die Bordmontage zu erkennen.

Von der Politik

Bremen war und ist weder Weltmetropole noch ein Ort der »großen Politik«. Aber natürlich war die Stadt Teil des politischen Geschehens der verschiedenen Zeiten und Epochen, gelegentlich wurde hier sogar Weltgeschichte geschrieben. Uns interessieren im Folgenden jedoch weniger einzelne politische Großereignisse, sondern die Spiegelungen des politischen und gesellschaftlichen Zeitgeistes in der Stadt.

Kaiser Wilhelm II. kam mit drei Ausnahmen jedes Jahr nach Bremen, zuerst im Antrittsjahr seiner Regentschaft, am 11. September 1888, auf der Durchreise nach Bremerhaven. Von besonderer politischer Bedeutung war sein Besuch im April 1890. Der äußere Anlass war die Grundsteinlegung für das Kaiser-Wilhelm-Denkmal für den 1888 gestorbenen Kaiser Wilhelm I. auf dem »Kaiser-Wilhelm-Platz« vor der Liebfrauenkirche. Das Ereignis war aber ein symbolisches Zeichen, denn erst zwei Jahre zuvor war Bremen, nachdem die Kaufleute ihren hartnäckigen Widerstand aufgegeben hatten, offiziell dem deutschen Zollgebiet beigetreten. Jetzt wurde das Ereignis als Bremer Bekenntnis zur Reichseinheit inszeniert. Drei Jahre später, 1893, kam Wilhelm II. in Begleitung des neuen Reichskanzlers Caprivi wieder, diesmal zur Enthüllung des Denkmals. Schmeichelhaft strahlte das Reiterstandbild in der Grandezza des Imperators mit Lorbeerkranz. Am Fuße des Sockels lagerten sich »Brema« als Sinnbild der Hansestadt, Neptun als Meeresgott und Schutzpatron der Schifffahrt sowie der Reichsadler für die Einheit des Deutschen Reiches. Dicht gedrängt standen die Menschen vor dem Dom, unter den Rathausarkaden und auf dem Marktplatz, um sich die Parade der kaiserlichen Kutschen nicht entgehen zu lassen.

Die Protokolle der Besuche Wilhelms II. in Bremen vollzogen sich je nach ähnlichem Muster, das Rundfahrten durch die Stadt und den Hafen vorsah, gesellige Zusammenkünfte und Empfänge im Bahnhof, Rathaus und Ratskeller. Erst der Erste Weltkrieg brachte das Ende dieses fast alljährlichen Festakts. Der letzte Kaiserbesuch fand am 7. März 1914 statt.

Im Bild unten erwarten bremische Honoratioren und Abordnungen von Militär und Kriegervereinen den Besuch des Kaisers in der Meierei im Bürgerpark 1905.

Das Kaiserreich suchte und fand in der deutschen Geschichte Figuren und Ereignisse, die sich im Sinne einer kollektiven identitätsstiftenden und den Gedanken eines reichseinigen Deutschlands propagierenden Form funktionalisieren ließen. Dem Zeitgeist entsprechend waren das vor allem glorreiche gewonnene Schlachten. 1913 wurde das 100-jährige Jubiläum der Völkerschlacht bei Leipzig begangen.

Weit mehr als 10.000 Menschen drängten sich am 18. und 19. Oktober auf dem Domshof. Neben den politischen Honoratioren von Bürgerschaft und Senat hatten sich Geistliche, Gelehrte, Künstler, Kaufleute und Gewerbetreibende versammelt, aber auch die Abordnungen von Sport- und Gesangsvereinen, Unternehmen, Kriegervereinen und Schulen waren vertreten.

1913 spitzten sich die internationalen Konflikte der imperialistischen Großmachtpolitik, der Streit um Kolonialbesitz und wirtschaftliche Einflusssphären, zu und heizte aggressive und chauvinistische Stimmungen an. Historische Gedenktage wie das 100-jährige Jubiläum der Völkerschlacht bei Leipzig als Sieg über Kaiser Napoleon dienten der Bildung historischer Erinnerung. Besonders in den Jahren vor dem Ersten Weltkrieg boten die Feiern, Zeremonien und Paraden willkommene Gelegenheiten für politische Reden zur Propaganda gegen die Rivalen im Kampf um Geltung in der Welt.

Auf der Nordseite des Domshofes, am linken Bildrand, war eine Tribüne aufgebaut, zu der man nur mit einer Einladungskarte gelangen konnte. Hier saßen auch die Mitglieder des Senats und der Bürgerschaft. Der Präsident des Senats hielt die Begrüßungsrede, und man sang den Choral »Nun danket alle Gott!«. Die Gebäude rechts an der Ostseite des Platzes, die Bremer Bank und viele andere Fassaden waren mit den Flaggen Bremens und des Kaiserreiches geschmückt. In den Fenstern drängten sich die Menschen. Das an die Bischofsnadel angrenzende Gebäude war bis Ende des 19. Jahrhunderts als Teil des benachbarten Hotels Stadt Frankfurt genutzt worden und enthielt im Erdgeschoss mehrere kleine Läden für Handschuhe, Obst und Zigarren.

Das Foto auf dieser Postkarte zeigt die mit Girlanden, den Flaggen Bremens und des deutschen Kaiserreiches geschmückte Oberstraße im Jahr 1871. Dicht gedrängt stehen die Menschen vor den Häusern und schützen sich mit Schirmen vor der Sonne. Polizisten in Uniform und mit Pickelhaube, einige sogar mit Gewehr, sorgen für Ordnung. Die Jahreszahl lässt vermuten, dass es sich um eine Parade aus Anlass der siegreichen Beendigung des im Spätsommer 1870 begonnenen Krieges gegen Frankreich handelt, als die verbündeten deutschen Staaten noch im Feindesland, im Spiegelsaal von Versailles, den preußischen König Wilhelm I. zum deutschen Kaiser proklamierten.

Die Bremer Menge erwartet nun die aus dem Krieg zurückkehrenden Truppen, die in der Stadt mit Kanonendonner und Glockengeläut empfangen werden. Der Zug verläuft durch einen Triumphbogen von der im Bereich der heutigen Bürgermeister-Smidt-Straße gelegenen Georgstraße über die Obernstraße zum Domshof, wo die Heroen anschließend mit einer großen Jubelfeier entlassen werden. Otto v. Bismarck und Helmuth v. Moltke werden zu Ehrenbürgern Bremens ernannt, und es gibt Gottesdienste, Preisschießen und ein Festmahl zu Ehren der Heimkehrer. Doch nicht alle freuen sich über den Krieg – das Bremer 1. Bataillon des I. Hanseatischen Infanterieregiments 75 hat 166 Tote zu beklagen.

Obernstr.

»Jubelnd und in heiliger Begeisterung tönten vaterländische Lieder von ihren Lippen«, wussten die »Bremer Nachrichten« zu berichten, als sich das Erste Hanseatische Infanterieregiment 75 zum Aufbruch in den Ersten Weltkrieg vor dem Bremer Hauptbahnhof versammelt hatte. Es erfolgte noch der Besuch eines feierlichen Gottesdienstes, bevor die Truppe in der Nacht vom 6. zum 7. August 1914 in die Gegend von Aachen aufbrach. Im Westen sollten sie gegen den »französischen Erzfeind« zu Felde ziehen. Auch in Bremen war der Beginn des Ersten Weltkrieges mit »vaterländischer« Begeisterung gefeiert worden. Schon unmittelbar nach der Mobilmachung hatten sich am Abend des 1. Augusts viele Bremer in der Stadtmitte zu einer »Patriotischen Freudenfeier« versammelt. Chauvinistische Aufrufe heizten die Stimmung an, markige Redner wussten die Kriegseuphorie weiter zu schüren. Auf dem Foto sind zahlreiche Zivilisten im Sonntagsstaat zu erkennen, die sich eingefunden haben, um die Soldaten zu verabschieden.

Das Foto gelangte von Herbert Abel, dem späteren Direktor des »Städtischen Museums für Natur-, Völker- und Handelskunde« und heutigen Übersee-Museums, in den Besitz der Landesbildstelle.

Auf den folgenden Seiten erzählt ein Fotoalbum deutsche Geschichte: Der Protagonist ist »Onkel Fritz«, aus dem Steintor in Bremen stammend, zunächst beim renommierten Gardekorps in Berlin, dann im Ersten Weltkrieg bei dem 1. Hanseatischen Infanterieregiment Nr. 75 »Bremen« dienend, ausgezeichnet mit dem »Hanseatenkreuz«. Dieser Orden war eine ab 1915 gemeinsam von den Hansestädten Bremen, Hamburg und Lübeck verliehene Auszeichnung. Das Ordensband des Bremischen Hanseatenkreuzes zeigt vier rote Streifen auf weißem Grund, das Medaillon trägt das Bremer Stadtwappen, und auf der Rückseite ist die Inschrift »Für Verdienst im Kriege 1914« eingraviert.

Im Krieg war Onkel Fritz bei der Landwehr u.a. im Memelgebiet eingesetzt. Nach Ableistung der dreijährigen aktiven Dienstzeit im stehenden Heer wurden Militärpflichtige gewöhnlich auf zwei Jahre in die Reserve überführt und anschließend der Landwehr überwiesen. Während des Ersten Weltkriegs wurden zahlreiche Landwehrbrigaden aufgestellt und eingesetzt. Die Fotos zeigen Onkel Fritz als Mitglied der Garde in Uniform im Atelier, bei Landwehr-Infanterie-Brigaden (Vierter von rechts) und in Bremen auf einer Eingangstreppe sitzend. Onkel Fritz war Träger der Goldenen Stadtwehrnadel und Mitglied im Kyffhäuser-Bund der Landes-Kriegerverbände. 1934 erhielt er »im Namen des Führers und Reichskanzlers« das Ehrenkreuz für Frontkämpfer verliehen und 1942 das Jubiläumsabzeichen des Nationalsozialistischen Reichskriegerbundes für 25-jährige Mitgliedschaft.

Onkel Fritz bei der Garde in Berlin

Zurück in Bremen war Onkel Fritz 1919 der »Stadtwehr« beigetreten. Die Stadtwehr war eine noch vor der Niederschlagung der Bremer Räterepublik von der zukünftigen Provisorischen Regierung unter Bürgermeister Deichmann (SPD) und durch einen Aufruf von Senator Spitta (DDP) sowie Major Caspari im Februar 1919 gebildete konterrevolutionäre uniformierte und bewaffnete Miliz mit einer Stärke von ungefähr 2400 Mann. Ihr Zeichen war der auch im Bild deutlich sichtbare Ringkragen mit dem Bremer Wappen darin. Onkel Fritz steht ganz rechts.

Das an der Ecke Vor dem Steintor/Heidelberger Straße aufgenommene Bild rechts zeigt einen Maschinengewehr-Posten, hinter dem die Flucht der Hamburger Straße zu erkennen ist. Über die Kreuzung ist Stacheldraht gespannt, auf dem Schild steht »Kraftwagen Halt«. Das Maschinengewehr ist ein auf Lafette montiertes »MG 08«, an der Hauswand lehnt ein »G 98«, im Hauseingang ist Munition gestapelt. Die Uniformen stammen aus dem Jahr 1915, die Stahlhelme sind Modelle, die ab 1916 die Pickelhauben ablösten.

Nach der Niederschlagung der Bremer Räterepublik am 8. Februar 1919 ging der größte Teil des Freikorps Caspari als Stamm in die kasernierte Regierungsschutztruppe ein. Aufgabe dieser 1400 Mann starken Truppe war es, Patrouillen durch die Stadt zu schicken, um bei Unruhen einzugreifen. Mitte April war das öffentliche Leben durch einen Generalstreik lahmgelegt, zumal der Stadtkommandant Major von Engelbrechten den verschärften Belagerungszustand verhängt hatte, der am Ostersonntag in Kraft trat. Als in der Faulenstraße bei Auseinandersetzungen zwischen Regierungsschutztruppe und Streikenden ein Arbeiter erschossen wurde, ließ man an allen wichtigen Straßenkreuzungen Stacheldrahthindernisse aufbauen. Die Tage der bürgerkriegsartigen Konfrontation gingen als »Stacheldraht-Ostern« in die Annalen ein.

Halt!

Auch dieses Bild befindet sich in dem »Onkel-Fritz-Fotoalbum« und trägt die Unterschrift »Schlange stehen im Krieg 1914–18 in Bremen«.

Das Foto ist in der Bredenstraße aufgenommen. Der Halbbogen, die Kapitäle und die Säule zieren den Hauseingang neben der Wilkenstraße, die rechts abzweigt. Der links allein auf der Straße stehende Soldat trägt eine Uniform wohl aus der Zeit schon vor dem Ersten Weltkrieg.

Auf der rechten Seite liegt hinten das Tabakgeschäft von J.F. Köhnsen, der Eingang davor führt zum Waren- und Kommissionsgeschäft Borgstede und Ricklefs, und noch ein Haus weiter ist der Geschäftssitz der Bremer Träger-Verkaufs-Kontor GmbH, wie überhaupt in der gesamten Bredenstraße eine Fülle von Kontoren, Waren- und Kommissionsgeschäften, Agenturen, Versicherungen und Maklern ansässig ist.

Aber wofür stehen die Menschen an?

Vor dem Tabakgeschäft drängelt sich ein Pulk Soldaten. Da die Einfuhr von Rohtabak durch die Reichsregierung verboten war, entstand ab 1916 eine akute Unterversorgung, die dem Schwarzhandel Vorschub leistete. Möglicherweise gab es gerade jetzt bei Köhnsen Tabak. Aus anderen Stadtteilen (Steffensweg, Walle) liegen aus dem Jahr 1917 Zeugnisse vor, die von regelrechten Demonstrationen und Unruhen berichten, weil Lebensmittel so knapp waren. In der Bredenstraße jedoch ist kein Lebensmittelgeschäft verzeichnet. Was also wollen die Leute in der Bredenstraße? In dem Haus Nr. 13 lag das Export und Import Geschäft der Kaufleute Stadtlander, an dem Haus geht die Schlange aber vorbei. 1919 richtete das Rote Kreuz eine Abteilung »Nähstube« in dem Haus Nr. 14 ein, die einer Arbeitsverteilungsstelle für die in der Stadt verstreuten Flick- und Strickstuben gleichkam und Näharbeit beschaffte. Aber um Arbeit dürfte es nicht gegangen sein, wenn sich so viele Soldaten eingefunden haben. Das Fotodokument allein reicht nicht aus, die Hintergründe der festgehaltenen Szene zu ermitteln.

Sicher ist nur, dass der Fotograf, der auf einer erhöhten Position an der Ecke Hinter dem Schütting stand, mit seiner Kamera die Aufmerksamkeit auf sich zog. Viele Leute schauen zu ihm hin, etliche drehen sich sogar um und blicken direkt in die Linse.

Im Jahre 1928 schrieb man in Bremen Weltgeschichte. Den Ozeanfliegern von Hünefeld, Köhl und Fitzmaurice, die als Erste den Atlantik in Ost-West-Richtung überflogen hatten, wurde in Bremerhaven bei ihrer Rückkehr aus den USA ein triumphaler Empfang bereitet. Die »wagemutige Pioniertat« weckte die nationalen Emotionen. Von Hünefeld war seit 1923 Pressereferent beim Norddeutschen Lloyd und der Initiator des Ozeanflugs, der Fliegerhauptmann des Ersten Weltkriegs, Köhl, war seit 1926 Pilot bei der Lufthansa. Mit ihrer Junkers W 33 »Bremen« D 1167 hatten die Flieger nach ca. 4500 Kilometern und 36 ½ Stunden Nonstop-Flug per Bruchlandung Greenly Island, eine Insel vor der Küste Neufundlands, erreicht. Nach einem begeisterten Empfang in New York und einer glorreichen Rundreise durch die USA mit Ordensverleihung durch Präsident Coolidge und Paraden in New York, Washington, Chicago und Cleveland kehrten die Ozeanflieger mit dem Dampfer »Columbus« des Norddeutschen Lloyd nach Deutschland zurück.

Das Foto zeigt die Einfahrt des Schiffes durch die Kaiserschleuse. 1897 war auf der Landzunge zwischen Weser und Kaiserhafen am Vorhafenkanal der Großen Kaiserschleuse der neue Lloydbahnhof entstanden (im Bild rechts neben dem Schiff). Dort wurden die großen Passagierschiffe des Norddeutschen Lloyd wie die legendären Vier-Schornsteine-Dampfer, die »Windhunde des Meeres«, so die »Kronprinz Wilhelm«, die »Kronprinzessin Cecilie«, »Kaiser Wilhelm II.« und die »Prinz zu Eitel Friedrich« abgefertigt. Weiträumige Warte- und Gepäckhallen, Abfertigungsanlagen und ein Gleisanschluss ermöglichten, dass die Züge die Passagiere direkt zu den Schiffen bringen konnten. Im Bildvordergrund das Hafenbecken des Kaiserhafens I, dahinter in der Inselstraße die Energiezentrale und das Hydraulikgebäude der Schleuse. Aber zum Zeitpunkt des Bildes war die Anlage bereits wieder zu klein geworden, und der Kran am rechten Bildrand zeigt das Ende der im selben Jahr eingeweihten neuen Columbus-Kaje, an der bis heute die großen Passagierschiffe ohne Schleusendurchfahrt abgefertigt werden.

Als die »Columbus« mit den Ozeanfliegern einlief, hatten sich Tausende Menschen versammelt, Rudervereine hatten Abordnungen geschickt, und am Himmel flogen Flugzeuge Ehrenformationen. Wirklich ein nationales Großereignis mit einer gehörigen Portion Lokalpatriotismus, schließlich hieß das Flugzeug »Bremen« und war einer der Flieger ein Mitarbeiter des Norddeutschen Lloyd.

Der Stapellauf der »Bremen IV« am 16. August 1928 war ein international beachtetes Großereignis und einer der größten Momente in der Geschichte des Norddeutschen Lloyd: Reichspräsident Paul von Hindenburg war Taufpate, als die »Königin der Meere« auf der AG »Weser« vom Stapel lief. Ganz Deutschland feierte dieses »nationale Ereignis«. »Das Schiff möge uns mahnen«, sagte Hindenburg, »daß nur zusammengefasste Kraft und einiges Wollen uns den Wiederanstieg und die Selbstbehauptung in der Welt verbürgen.« Tausende von Menschen säumten das Ufer, auf der Weser zelebrierten die »Friedrich« und andere Schiffe das erhebende Ereignis. Die Jahre nach dem Ersten Weltkrieg waren für den NDL wie für die gesamte deutsche Wirtschaft schwer. Der Versailler Vertrag verpflichtete Deutschland, alle Schiffe über 16.000 Tonnen abzuliefern. Doch schon 1922 unternahm das erste Schiff unter der NDL-Flagge wieder eine Fahrt über den Atlantik. Vier Jahre später fuhren bereits 70.000 Passagiere mit dem Lloyd – das bedeutete den vierten Platz im Transatlantikverkehr. Um seine Stellung behaupten zu können, benötigte die Reederei alsbald größere, schnellere, luxuriösere und prestigeträchtigere Schiffe.

1926 beschloss der Aufsichtsrat, zwei neue Flaggschiffe bauen zu lassen: die »Bremen« auf der AG »Weser« und die »Europa« bei Blohm & Voss in Hamburg. Mehr als 10.000 Arbeiter waren beim Bau des Schiffes beschäftigt, 22.000 Tonnen Stahl wurden insgesamt verbaut. Die turbinengetriebenen Maschinen brachten 125.000 PS an Leistung. Mit rund 51.000 Bruttoregistertonnen war das Schiff 280 Meter lang und 30 Meter breit und fuhr 28 Knoten – extrem schnell für einen Passagierdampfer. 2400 Reisende und 1000 Mann Besatzung fanden an Bord der »Bremen« Platz. Die Reise von Bremerhaven nach New York war allerdings nicht billig. Eine einfache Fahrt in der ersten Klasse kostete 1100 Reichsmark und immerhin noch 500 Mark in der dritten, der billigsten Klasse. Ein Werftarbeiter verdiente zu der Zeit im Monat 150 Mark, hätte also mehr als drei Monatslöhne einsetzen müssen, um einmal nach New York fahren zu können.

Am 16. Juli 1929 stach die «Königin der Meere« zu ihrer Jungfernfahrt in See. Die Superlative überschlugen sich. Bereits auf ihrer ersten Fahrt jagte die »Bremen« der »Mauretania« der britischen Cunard Line das Blaue Band für die schnellste Atlantiküberquerung ab. Vier Tage, 17 Stunden und 34 Minuten bedeuteten einen neuen Weltrekord.

Im Ausrüstungshafen (Bild unten) ging die »Bremen« ihrer Vollendung entgegen. 65 Millionen Reichsmark hatte der NDL in das Schiff investiert.

Natürlich berichtete die nationale und internationale Presse über das aufsehenerregende Ereignis per Text und Fotostrecken, aber auch in manches private Fotoalbum fanden Aufnahmen wie diese ihren Weg. Für den Norddeutschen Lloyd bedeutete das eine enorme Publicity und einen riesigen Imagegewinn. Über Bau, Stapellauf und Jungfernfahrt der »Bremen« entstand auch ein aufwendiger Dokumentarfilm des Bremer Filmemachers Dietrich W. Dreyer, mit dem der NDL ausgiebig Werbung machte. Der Film und andere Reisefilme des NDL wurden in den Bordkinos der Lloyd-Dampfer gezeigt und liefen auch als Vorfilme in vielen deutschen Kinos.

Bremen feiert die Olympischen Spiele 1936. Die Geschäfte im unteren Teil der Obernstraße (Bild oben links) haben ebenso geflaggt wie die Häuser in der Bischofsnadel (oben rechts) und Am Wall (unten). Auf allen Fotos richtet sich der Blick auf Wahrzeichen der Stadt: die Ansgarii-Kirche, den Dom und auf das Stadttheater auf dem Theaterberg in den Wallanlagen. So verband der Fotograf Heinrich Raschen visuell die Tradition der alten Hansestadt mit der neuen politischen Macht, die sportliche Großereignisse wie die Olympischen Spiele zu internationalen Propagandazwecken nutzt. Mitte der 1930er Jahre suggerieren die Aufnahmen, wie auch viele andere private Foto- und Filmaufnahmen aus der Zeit, eine rückhaltlose Zustimmung zum nationalsozialistischen System im öffentlichen Bild der Stadt.

Zu Beginn der Nazidiktatur jedoch, bei den Märzwahlen 1933, hatte die NSDAP in Bremen weniger als ein Drittel der Stimmen erhalten und selbst mit der Unterstützung der Kampffront Schwarz-Weiß-Rot, eines von DNVP, Stahlhelm und Landbund am rechten Rand gebildeten Wahlbündnisses, keine parlamentarische Mehrheit erzielt.

Doch schon einen Tag später wurde per Staatsstreich ein Reichskommissar eingesetzt und der Senat zum Rücktritt gezwungen. Nach der unerbittlichen Verfolgung der Linken und der Einschüchterung Andersdenkender festigte sich die Nazidiktatur – und nach ihrem Sieg traten Sympathien großer Teile der Bremer Bevölkerung zum braunen Herrschaftssystem immer deutlicher hervor.

Dabei war die Zustimmung zum nationalsozialistischen System in den einzelnen Stadtteilen sehr unterschiedlich ausgeprägt. Für das Jahr 1938 sind aus einigen Ortsgruppen der NSDAP Zahlen über Parteimitgliedschaften erhalten. Danach kam im von Mittel- und Oberschicht dominierten Schwachhausen ein Parteimitglied auf 21 »Volksgenossen«, im sozial etwas mehr gemischten Steintorviertel wurde im Durchschnitt unter 24 Bewohnern ein Parteimitglied gezählt, und im Arbeiterstadtteil Gröpelingen betrug das Verhältnis 1 : 60. In Schwachhausen war die Quote der Zustimmung zur NSDAP also fast dreifach höher als in Gröpelingen.

MERCEDES

Am 1. Juli 1939 war die Teilnahme Hitlers an der Einweihung der »Westbrücke« im Stephaniviertel und am Stapellauf des Kreuzers »Lützow« geplant. Aus diesem Anlass hatte sich die Stadt perfekt herausgeputzt, wie ein Blick in die Sögestraße (unten) und die Bahnhofstraße zeigt. Die Hitlerdiktatur verstand es, sich politisch zu inszenieren und die im deutschen Volk seit der Niederlage im Ersten Weltkrieg verbreitete Sehnsucht nach alter/neuer nationaler Größe auszunutzen.

Das zentrale, durch die fotografische Perspektive eindrucksvoll in Szene gesetzte Motiv des Bildes auf der rechten Seite ist der Reichsadler. Dieser symbolisiert die Tradition der kaiserlichen Gewalt, bezieht sich in einer Linie auf die Hohenzollern-Kaiser, auf das Heilige Römische Reich Deutscher Nation, auf Kaiser Karl den Großen und geht letztlich zurück auf die römischen Imperatoren. Die Nationalsozialisten ordneten ihren kultischen Umgang mit dem Reichsadler in die Reihe ihrer auf Fahnen, Uniformen, Abzeichen und Dolchen unendlich wiederholten NS-Insignien ein, die ihre Macht alltäglich und allgegenwärtig präsentierten. Die Stadt hatte sich 1939 allerdings vergeblich geschmückt: Aufgrund der spannungsgeladenen außenpolitischen Situation sagte Hitler seinen Besuch kurzfristig ab.

Das Foto wurde von einer erhöhten Position aus, möglicherweise aus dem Europa-Hotel an der Ecke Karlstraße in Blickrichtung des Bahnhofs, aufgenommen.

Vor der »Machtergreifung« war Hitler einige Male in Bremen, zum Beispiel zur Bürgerschaftswahl 1930, wo er eine Rede im Casino hielt, und zu den Reichstagswahlen im selben Jahr, wo er auf einer Großveranstaltung im Weser-Stadion sprach. 1935 nahm er als »Führer und Reichskanzler« am Stapellauf des Ostasiendampfers »Scharnhorst« auf der AG »Weser« teil. Der ausgebliebene Jubelbeifall der versammelten Belegschaft soll Hitler im Anschluss zu der Feststellung veranlasst haben, dass Bremen ein »Schweineplatz« sei.

Der Fotograf Heinrich Raschen war kein glühender Verehrer des nationalsozialistischen Systems. Er stand ihm nicht unkritisch gegenüber, schrieb Protestbriefe gegen die »Bonzenpolitik«, kritisierte den Film »Jud Süß« und verweigerte sich auch einer Offizierslaufbahn. Wie viele seiner Zeitgenossen hat er aber das aufgenommen, was er als Erinnerung aufbewahren wollte. Ob er sich von der Inszenierung doch beeindrucken ließ oder aus dokumentarischer Absicht fotografierte, lässt sich kaum entscheiden. Zumindest findet sich im Bildaufbau auch keine kritische Distanz, sicherlich mögliche und die Inszenierung konterkarierende Bildelemente hat er nicht gesucht. So spiegeln seine Bilder all den inszenierten politischen Pomp, die Faszination der Macht wider, von der sich die Mehrheit der Deutschen gefangen nehmen ließ. Dass sich dahinter aggressive Hybris verbarg, mochten die wenigsten glauben, obwohl die nationalsozialistische Botschaft diesbezüglich nichts an Klarheit vermissen ließ.

SPEDITION
MÖBELTRANSPORT

Krieg in Bremen, dokumentiert in privaten Fotografien: Obwohl es ab Juni 1941 verboten war, Kriegsereignisse und Kriegsschäden zu fotografieren, wagten es immer wieder Privatleute, den Schrecken der Zeit im Bild festzuhalten. Diese illegalen geheimen Fotos dokumentieren für uns stellvertretend das Unheil, das Nazidiktatur und Krieg für Bremen bedeuteten. Deshalb haben wir vier Motive ausgewählt.

Luftangriff vom 3. Januar 1941, Bild unten rechts: Der Hafen brennt. In der Mitte der Turm eines Privathauses in der Liegnitzstraße; in derselben Nacht: Flak-Abwehrfeuer in der Bremerhavener Straße/Vegesacker Straße.

Rechte Seite oben: Das alte Wahrzeichen des Stadtteils, der 61 Meter hohe Waller Wasserturm, 1905 an der damaligen Breslauer Straße (heute Karl-Peters-Straße) errichtet, brannte in der Nacht von 18. zum 19. August 1944 bis auf den Betonsockel ab und wurde später abgerissen. Im Vordergrund die Silhouetten des Prüfamts des Elektrischen Werks an der Ecke Bremerhavener/Breslauer Straße. Links im Hintergrund Ullrichs Hansamühle am Holz- und Fabrikenhafen. Das Foto wurde somit vom Steffensweg ungefähr auf der Höhe Elisabethstraße von einer erhöhten Position, möglicherweise einem Balkon, in Richtung Westen aufgenommen.

Linke Seite unten: Luftkampf über dem Bremer Westen in der Nacht vom 14. zum 15. Mai 1941, von der Grenzstraße aus fotografiert. Inmitten des Flakfeuers sind zwei englische Langstreckenbomber Vickers-Wellington zu erkennen. Diese knapp 20 Meter langen und bis zu 410 Stundenkilometer schnellen Maschinen waren besonders zu Beginn des Zweiten Weltkrieges die wichtigsten schweren Bomber der Royal Air Force. Sie hatten eine Reichweite von knapp 2500 Kilometern und konnten mit einer »Bombenzuladung« von 2720 Kilogramm bestückt werden.

Nur zwei Flugstunden war Bremen von den Luftstützpunkten auf den Britischen Inseln entfernt. Insgesamt flogen die Alliierten 173 Luftangriffe und warfen über 900.000 Bomben ab, über 4000 Menschen kamen bei den Angriffen um.

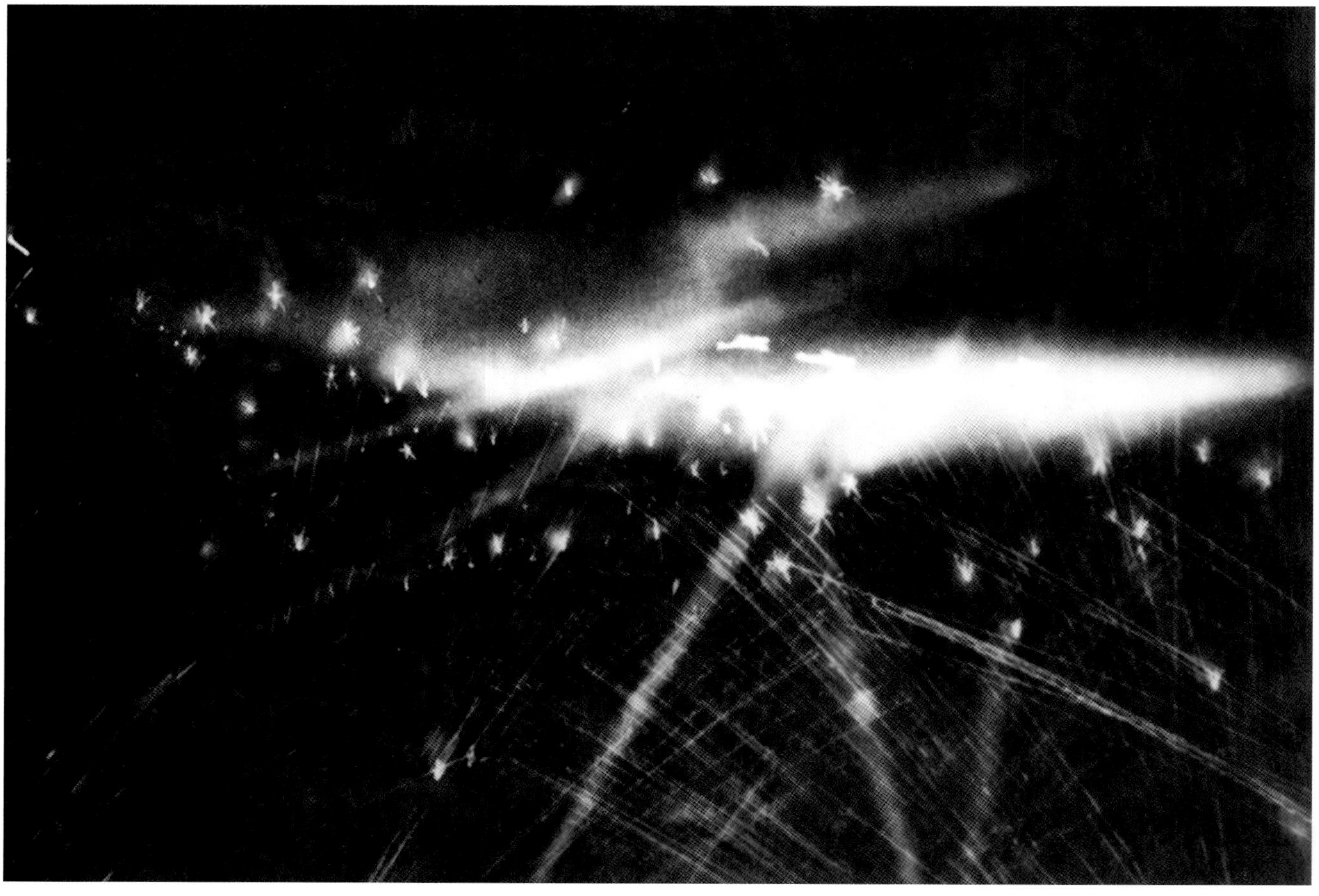

Eigentlich zeigt diese Fotografie eine winterliche Idylle: friedliche Häuserzeilen mit schneebedeckten Dächern und Gärten liegen hinter kahlen Baumkronen in einer fast ländlich anmutenden Gegend, von der sinkenden Sonne beschienen, die die Szenerie in rosarote Farbtöne taucht. Für Irritation sorgt lediglich das Objekt am linken Bildrand. Hierbei handelt es sich um ein »Blimp« oder »Pralluftschiff«. Diese Luftschiffe kommen wie ein Ballon ohne inneres Gerüst aus, ihre aerodynamische Form erhalten sie durch den Luft-Innendruck. Umgangssprachlich bezeichnet man sie auch häufig als Zeppeline, obwohl die Firma Zeppelin keine Pralluftschiffe angefertigt hat. Größter Hersteller von Blimps war die Firma Goodyear. So kommt der Begriff Blimp wahrscheinlich aus der englischen Klassifizierung von airships als a) rigid, also starr, und b) limp, also schlaff, weich; b) limp zog man dann umgangssprachlich zu blimp zusammen. Solche Blimps setzte die Luftraumüberwachung zur Abwehr von Tieffliegern ein.

Heinrich Raschen nahm dieses Foto aus dem Fenster seines Hauses in der Oslebshauser Heerstraße 120 im Jahr 1940 oder 1941 auf.

Der Zweite Weltkrieg hatte unvorstellbare materielle Zerstörungen und auch geistige Desorientierung hinterlassen. Nach seinem Ende im Mai 1945 befanden sich viele Städter in einer katastrophalen Lage.

Selbst ausgebrannte Ruinen und Erdlöcher dienen als Behausung. Wer Bretter organisieren kann, ist in der Lage, seinen Unterstand notdürftig gegen Wind und Regen abzudichten. Das Baumaterial gewinnen die Menschen aus den Trümmern: Steineklopfen nennt man das. Wer eine Brennhexe besitzt, der kann sich eine warme Mahlzeit zubereiten, für Wasser muss man anstehen, nur stundenweise wird das kostbare Gut ausgegeben.

Auch die Kinder haben unter dieser Situation zu leiden, lebensbedrohliche Gefahren lauern unter dem Schutt: nicht gezündete Bomben und Munition. »Wo sollen wir spielen?«, mahnt ein Plakat der Polizei und warnt: »Hände weg von Munition!«

Im Sommer 1946 fotografierte Magnus Iken den Schnoor. Auf dem Bild links spielen seine Kinder in den Trümmern vor den Häusern Schnoor 14–15. Ikens Familie wohnte selber im Schnoor. Vor dem Krieg war Iken mit der Berufsbezeichnung »Lehrer« im Adressbuch verzeichnet, obwohl auch schon aus den 1930er Jahren bemerkenswerte Fotos von ihm vorliegen, die er zum Teil aus ungewöhnlichen Perspektiven aufnahm. Nach dem Krieg eröffnete Iken im Ostertor ein Studio und nannte sich nun Fotograf. Seinen fotografischen Nachlass vermachte er der Landesbildstelle.

Der Schutt liegt fast so hoch wie das erste Stockwerk der Häuser gegenüber. Das von den Bomben verschonte Haus Schnoor Nr. 15 wurde 1402 gebaut und war und ist das älteste erhaltene Gebäude im Schnoor. Das Haus daneben wurde etwa 300 Jahre später gebaut. Die Reste der Hausinschrift künden von einem Tabakwarenladen »Brasil-Haus« für Zigarillos und Zigarren aus Brasiltabak.

Das rechte Foto ist von einer erhöhten Position aus Richtung Stavendamm aufgenommen und zeigt das Treiben in der »Hauptstraße« des Schnoor. Nicht alle Schäden sind Kriegsfolgen, schon um 1900 war der Schnoor Sanierungsgebiet, die Häuser sind baufällig, an den Fassaden bröckelt der Putz. Der Schnoor war immer ein Viertel der Armen und Unterprivilegierten: der kleinen Handwerker, der Katholiken, der Juden.

Süster-Str.

Diese beiden Fotografien stammen ebenfalls von Magnus Iken und entstanden 1945 oder 1946. Die Mauerreste künden von den massiven Kriegszerstörungen. Die Bilder erzielen ihre Wirkung über die Allgegenwärtigkeit der Trümmer, die in den Vordergrund gerückt und mittels einer leichten Untersicht durch die Maueröffnungen hervorgehoben werden. Damit verengt sich der Blick auf die zentral im Bild stehenden beiden Kirchtürme von Martini- und Stephanikirche (rechts).

Ikonenhaft thronen die Kirchtürme auf den Schuttbergen, Sinnbild der Sinnlosigkeit des Krieges. Kirchen und insbesondere ihre prominenten Türme stehen eigentlich für die Heiligkeit und die Schutzbedürftigkeit des Lebens. Dem Krieg waren sie genauso ausgeliefert wie die Menschen – und ihre Ruinen sehen aus wie Mahnmale für eine friedliche Zukunft. Vor der Martinikirche steht eine Königskerze, die Iken vermutlich bewusst fotografisch in einer Fluchtlinie mit dem zerstörten Kirchturm platziert hat. Der Name der Pflanze Königskerze rührt daher, dass man früher ihre Stängel in Harz oder Pech tauchte und sie dann als Fackeln benutzte. Sie galten in der Volksheilkunde als probates Mittel gegen Erkältungskrankheiten, sie stehen insgesamt für langes Leben, und Hildegard von Bingen erwähnt sie auch als Heilmittel für ein »trauriges Herz«. Die Pflanze ist zweijährig, erst im zweiten Jahr entfaltet sie ihre volle gelbe Blütenpracht. Ein optimistischer, hoffnungsvoller Blick in die Zukunft?

Die Martinikirche (unten) brannte im Oktober 1944 aus, die Bomben zerstörten auch die kostbare Orgel von Arp Schnitger. Die Stephanikirche fiel im selben Jahr den Flammen zum Opfer, nur ihr Turm ragte als Ruine aus einer platten Trümmerlandschaft heraus. »Todeszone« nannten die Menschen das Gebiet von Stephaniviertel, Doventor, Utbremen und Walle.

Am Ende der Hitlerdiktatur war die alte Hansestadt zu 60 Prozent zerstört. »Bremen war nur noch ein ausgebranntes Kraterfeld«, schrieb der legendäre Bürgermeister Wilhelm Kaisen in seinen Erinnerungen. Im Bild rechts blickt der Betrachter vom Neustadtsdeich über den Teerhof auf die Ruinenlandschaft der Altstadt. Der Dom mit seinen weitgehend noch intakten Türmen beherrscht das Bild, rechts die ausgebrannte Martinikirche.

Ihre bizarre Faszination erhält die Aufnahme durch die Spiegelung der Stadtsilhouette in der Kleinen Weser. Im Vordergrund steht ein Angler auf den Trümmern, vorbeigehende Menschen sprechen mit ihm. Gerade er ist in der Bildkomposition wichtig, er konfrontiert das Elend der zertrümmerten Stadt mit einem Alltag, der irgendwie weitergehen muss. Auch wenn die Zerstörungen das Bild beherrschen, scheint sich ein Stückchen beginnende Normalität in der harten unmittelbaren Nachkriegszeit anzubahnen.

Das Bild unten zeigt die 1944 durch Bomben zerstörte Jacobihalle auf dem Jacobi-Kirchhof. 1861/62 war der erhalten gebliebene Chor der schon länger verfallenden Jakobikirche zu einer Gaststätte mit gediegenen Gesellschaftsräumen und einem Weinrestaurant ausgebaut worden. Als die Ruine des beliebten Lokals 1960 abgerissen wurde, nutzte der »Weser-Kurier« das zu einer kurzen Geschichte des historischen Bauwerks: »In diesen Tagen sollen die Preßlufthämmer und Bagger ihr Werk an der Ruine der Jacobihalle beginnen. Sie muß der breiten Straße weichen, die vom Brill her zur neuen großen Weserbrücke führen wird. Damit verschwindet ein Bauwerk, das wie kaum ein anderes das Auf und Ab bremischer Geschichte erlebt hat. Chorherren haben hier am Hochaltar der kleinen St. Jakobi-Kirche gebetet, die nach der Reformation ihren Charakter als Gotteshaus verlor. Die Schmiedeinnung erhielt den Bau als Amtshaus. Um die Mitte des 17. Jahrhunderts wurde der Turm und 1697 das Langhaus abgerissen. Als 1861 die Zunftgerechtigkeit aufgehoben wurde, verkauften die Schmiede ihr Amtshaus an Conrad Asendor, der ein Wirtschaftgebäude anbaute und die Reste der alten Kirche in eine romantische Gaststätte verwandelte. Bei den Bombenangriffen auf die Innenstadt wurde der alte Bau zerstört. Sechzehn Jahre haben die Trümmer gestanden.«

Beide Fotografien sind von Magnus Iken im Jahr 1945 aufgenommen worden.

Das Foto von Magnus Iken zeigt eine für die unmittelbare Nachkriegszeit nicht untypische Bremer Notbehausung. Die Masse des im Krieg vernichteten Wohnraums, die Rückkehr der Evakuierten und die Vertriebenen und Flüchtlinge aus dem Osten machten die Wohnungsnot zu einem der schärfsten sozialen Probleme. Fast zwölf Millionen Flüchtlinge und Vertriebene verloren im Laufe des Jahres 1945 ihre Heimat, versuchten ihr Leben vor der heranrückenden Front zu retten, wurden ausgewiesen, vertrieben, verfolgt. Trotz der Proklamierung der Bremer Zuzugsperre im Juli 1945 waren bis zum Dezember 30.000 Flüchtlinge in die zerbombte Stadt geströmt. Überall entstanden Barackenlager aus Holz, Blech und Pappe. Die Betreuungsstelle für die Flüchtlinge konnte nicht mehr als eine Unterbringung in Bunkern, Notunterkünften oder eine Einquartierung in bereits überbelegte Wohnungen bieten. Die Behausungen waren eng, kalt, feucht, dunkel und ungesund. In den Lagern herrschten schlimme Zustände. Konflikte zwischen Einheimischen und Flüchtlingen waren programmiert. 1947 klagten Flüchtlinge in Niedersachsen:

»Wir Flüchtlinge werden auf engstem Raume zusammengepfercht, wogegen es noch viele Einheimische verstehen, aber auch nichts von ihrer Wohnbequemlichkeit preiszugeben. Haben wir Flüchtlinge allein den Krieg verloren, oder das ganze deutsche Volk? Oder glaubt man, wir hätten im Osten keine Wohnkultur gehabt, die der hiesigen gleichzusetzen ist? Man räumt uns keinen Keller- und Bodenraum ein, man gestattet uns noch nicht einmal auf dem Hofe unsere Wäsche zu trocknen oder unser Holz zu hacken, man verbietet uns die Benutzung der Klosetts, man verschließt die Küchen, so daß wir uns das Wasser im Keller holen müssen, man will uns Gas und elektrischen Strom nicht benutzen lassen, trotzdem uns Kontingente eingeräumt sind, und tausenderlei andere Schikanen ersinnt man, um uns das Leben zur Hölle zu machen.«

Das 1946 beim heutigen Übersee-Museum entstandene Foto zeigt illegale Schwarzmarktgeschäfte. Nach Aussagen des Generals Lucius D. Clay, bis 1949 Militärgouverneur der amerikanischen Besatzungszone, war Bremen ein »Hauptzentrum« des Schwarzmarktes in den Westzonen. Schon im Spätsommer des Jahres 1946 hatte sich in der Umgebung des Hauptbahnhofs ein »Schwarzer Markt« entwickelt.

Die Reichsmark ist wertlos, Treibstoff und Lebensmittel sind rationiert, Waren und Bedarfsgüter knapp. Die Zigarette ist die Leitwährung, für sie muss man 30 Mark bezahlen. Im Oktober 1945 kosten ein Pfund Kakao 45, ein Pfund Butter 120, ein Paar Schuhe 1500 Reichsmark. Sogar Ausweise nationalsozialistischer Konzentrationslager werden angeboten, für 850 Reichsmark. Das Überleben in der Nachkriegszeit hatte eigene Regeln – und eigene Moralvorstellungen.

Natürlich waren Schwarzmarktgeschäfte verboten. Ab 1946 führte die Polizei regelmäßig Razzien durch, bei denen sie mitunter bis zu 250 Personen festnahm, selten jedoch war ein »großer Fisch« dabei. Die Händler hatten im Laufe der Zeit ein regelrechtes Warnsystem aufgebaut, um ihre einträglichen Geschäfte ungestört durchführen zu können. Bremen und Bremerhaven als Nachschubbasis und Stützpunkt amerikanischer Truppen und als Umschlagplatz des Überseehandels boten äußerst günstige Geschäftsgrundlagen.

Am 20. Juni 1948 ist mit Schwarzmarktgeschäften Schluss. Die D-Mark wird eingeführt und die Geschäfte sind wieder rappelvoll. Die Lager waren offensichtlich gefüllt, angesichts von Gerüchten über eine bevorstehende Währungsreform hatte man Waren bewusst zurückgehalten. Am nächsten Tag staunt der »Weser-Kurier« ob der plötzlich übervollen Auslagen: Sogar »ein Ehebett komplett mit Matratze« sowie Aale, Austern und »italienischer Wermut für 91 Pfennig« seien angeboten worden. Die Preise steigen nun rasch, die Löhne allerdings unterliegen einem Lohnstopp.

»Der Unterrichtsbeginn für die Schulanfänger sowie für die bisherigen Klassen 1–4 der Volksschulen, für die Hilfsschulen und die Sonderklassen findet am Montag, 10. Sep. 1945, 8 Uhr statt«, vermeldete der »Weserbote« am 8. September 1945. Damit hatte die unterrichtslose Zeit fünf Monate nach der deutschen Kapitulation ein Ende. Die materiellen Bedingungen des Neubeginns an den Schulen sind unsäglich. Es fehlt an Räumen, Unterrichtsmaterialien, Büchern, Heften, Schreibpapier, Kreide. Und dennoch: Eine reformorientierte und demokratische Schule mit modernen Lehrinhalten sollte es werden.

Kernpunkte der Reform waren eine sechsjährige Grundschule mit Englisch als erster Fremdsprache für alle, also auch für die Volksschüler. Auf Anordnung der Militärregierung wurden die Lehrpläne grundlegend geändert, und jeder Lehrer hatte die Pflicht, über seinen Unterricht schriftlich zu berichten. Die Militärregierung misstraute der politischen Orientierung der Bremer Lehrerschaft. Immerhin hatte sie nach dem Gesetz zur »Befreiung von Nationalsozialismus und Militarismus« zunächst fast 1000 der 1650 Lehrkräfte entlassen, nach Anhörungs- und Einstufungsverfahren jedoch bis 1948 mehr als die Hälfte wieder eingestellt. Der dringende Bedarf nach neuen Lehrern und Lehrerinnen erforderte eine neue Lehrergeneration mit demokratischer Geisteshaltung, daher nahm schon im Dezember 1945 das neu gegründete Pädagogische Seminar seine Arbeit auf. Aufgrund des drängenden Lehrermangels behalf man sich anfangs mit zwei- bis dreisemestrigen Schnellausbildungen.

Auch die Landesbildstelle startete 1945 wieder mit ihrer Medienarbeit. Im Juli 1945 gab es noch 420 Bildreihen mit 18.000 Bildern und 385 Filme. Nur etwa zehn Prozent der Materialien hatten die amerikanischen Behörden aus politisch-ideologischen Gründen beanstandet. Funktionierende Apparate für diese Medien waren an den Schulen allerdings kaum vorhanden. Deshalb übernahm die Landesbildstelle auch die Gerätereparatur. 1949 erließ der Senat eine Geschäftsordnung für die Landesbildstelle Bremen, in der ihre Aufgaben definiert wurden: Pflege von Film und Bild im gesamten Bildungswesen, Film- und Bildverleih, Aufbau einer Film- und Bildsammlung, Pflege der Film- und Bildgeräte, technische Ausbildung der Lehrerschaft, Zusammenarbeit mit der Schulfunkabteilung des »Ortssenders«, also Radio Bremen, zur Gestaltung des Schulfunks.

»Den Bremer Kindern wurde mit Beginn des Unterrichts am Montag, den 10. September, ein Tor eröffnet, durch das sie in eine demokratische Welt eintreten können«, so beschreibt der »Weserbote« im September 1945 die Neuorientierung des Bremer Schulsystems.

Die Umstellung von einem indoktrinierenden Frontalunterricht auf einen auf Selbstständigkeit und Mündigkeit angelegten Arbeitsunterricht war ein epochales Unterfangen. Der Schule fiel die Aufgabe zu, die Kinder wieder zum Lernen und zu Leistungsbereitschaft zu motivieren, bei ihnen gegen den gewohnten Drill unbekannte demokratische Ideale zu verankern. Und das alles vor dem Hintergrund schlimmer materieller Bedingungen. Der Zustand der vorhandenen Klassenräume war katastrophal: vernagelte Fenster, abbröckelnder Putz, feuchte Wände, Heizprobleme. Die Reihen der Lehrerschaft waren durch Krieg und Entnazifizierung reichlich gelichtet. Lehr- und Lernmittel gab es kaum, Papier war knapp. Die Klassen waren total überfüllt.

Unterricht im Dachstuhl der Schule Oslebshausen im Winter 1946. Die Not der Zeit und der Schrecken der unmittelbaren Vergangenheit spiegelt sich in den Gesichtern der Kinder, vielleicht aber auch ein bisschen Optimismus.

»Fußbekleidung in einer Mädchenklasse«, betitelte der Lehrer Karl Rekort dieses Foto von 1946.

Die Not ist groß. Noch im Winter 1947/48 verfügen 40 Prozent der Bremer Schulkinder über kein einziges Paar tragfähiger Lederschuhe. Kleidung und Schuhwerk waren schon in den Kriegsjahren strapaziert, verschlissen und nur in schlechter Qualität ersetzt worden. Jetzt gab es keine Wolle, keine Stoffe, kein Leder. Improvisieren war angesagt. Mäntel, Jacken und Hosen nähten die Frauen aus alten Uniformen und Decken und Kleider aus bedruckten Bettlaken, Blusen – wenn zu beschaffen – aus gefärbter Fallschirmseide. Aus alten Zucker- oder Mehlsäcken ließen sich leichte Schuhe herstellen, die Sohlen aus Ledertaschen oder Holz zurechtgeschnitten. Handwerkliches Geschick und Erfindungsreichtum waren gefragte Fähigkeiten.

Die miserablen materiellen Bedingungen taten aber offensichtlich dem Lerneifer keinen Abbruch. Im Detail offenbart dieses Foto die Not und den Willen zum Neuanfang. Karl Rekort war nach dem Studium vor dem Zweiten Weltkrieg zunächst Lehrer an der Domschule gewesen, nach Kriegsende wurde er im April 1946 in der Grundschule Oslebshausen angestellt und 1958 dort von Wilhelm Kaisen zum Schulleiter ernannt. Über seine Lehrertätigkeit bekam Rekort Kontakt zur Landesbildstelle, schon früh hatte er sich für die Fotografie interessiert. Im Archiv befinden sich viele Aufnahmen von ihm, die vor allem den schulischen Alltag widerspiegeln aber auch Landschaftsmotive. Einige seiner Bilder sind auch im »Weser-Kurier«, in der »Welt« und in der »Zeit« erschienen.

Diese Fotos sind von Magnus Iken im Jahre 1946 zu Dokumentationszwecken aufgenommen worden. Sie zeigen die schulärztliche Reihenuntersuchung von Schulkindern und illustrieren eindrücklich deren »besorgniserregenden Gesundheitszustand«. Anfang des Jahres 1947 hatte das Gesundheitsamt alarmiert festgestellt: Zwei Drittel der Schulkinder sind unterernährt. Schon eine Niederschrift über die Besprechung der Senatoren beim Bürgermeister Ende August 1945 hielt die Aussage des Schulsenators Paulmann fest, »daß er den Bericht über den Gesundheitszustand der Schulkinder erhalten habe, der durchaus besorgniserregend sei. Er halte daher im kommenden Winter zur Erhaltung und Besserung des Gesundheitszustandes der Kinder ärztliche Maßnahmen für erforderlich. [...] Zu diesen Maßnahmen gehören Schulspeisungen aufgrund vorausgegangener schulärztlicher Untersuchung, damit die Kinder nicht Opfer von Epidemien und sonstigen Krankheiten werden.«

Die Not ist groß. Die Deutschen leben mit nur der Hälfte der vom Völkerbund ermittelten erforderlichen Kalorienzahl, und das mehrere Jahre. 2400 Kalorien galten international als Maßstab, in Bremen fiel der Kaloriensatz im Laufe der Jahre 1945 und 1946 auf 1010. Die Lebensmittel waren rationiert und nur auf Marken zu erhalten. Zudem war der Winter 1946/47 einer der härtesten des gesamten Jahrhunderts.

Die Fotos sind im Hauptgesundheitsamt an der Horner Straße aufgenommen. Neben dem Fotografen war auch ein Filmteam anwesend. Im Vordergrund sitzt der Regisseur, eine 16-mm-Kamera dokumentiert das Geschehen. Offensichtlich war das mediale Interesse beträchtlich. Auch die amerikanische Militärregierung forderte monatliche Berichte vom Gesundheitsamt an, die auf Englisch und in doppelter Ausfertigung an den Public Health Officer einzureichen waren. Zu den Schulen in den entlegenen Stadtteilen fuhren Ärzte und Krankenschwestern mit ehemaligen Lazarettwagen, um die Kinder zu untersuchen. Unterernährung, Mangelkrankheiten und die Furcht vor Epidemien gaben allen Anlass zu großer Besorgnis.

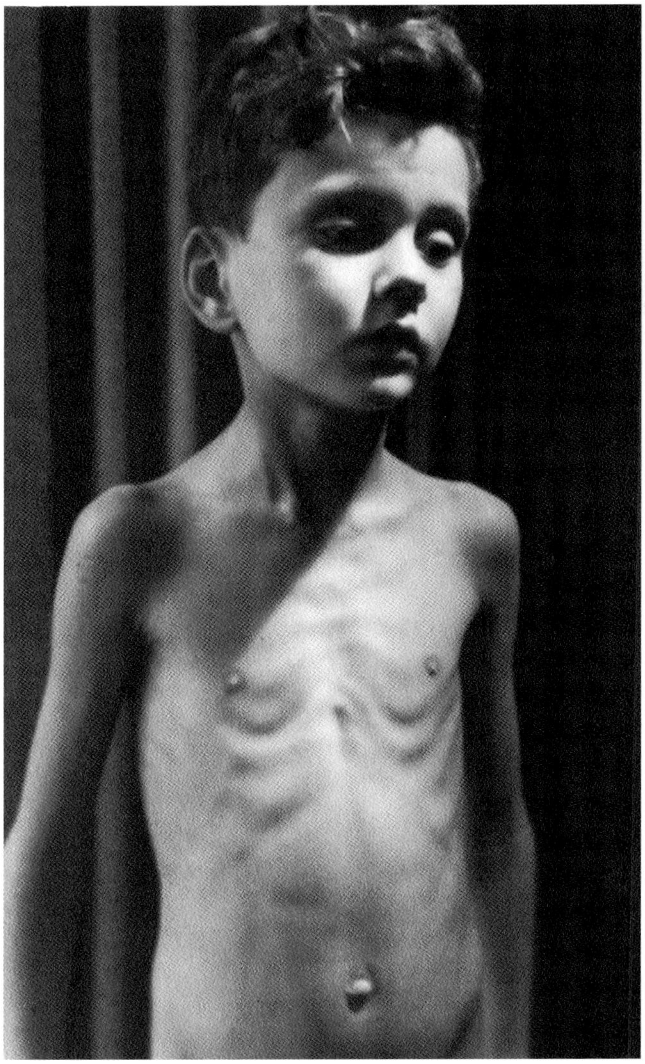

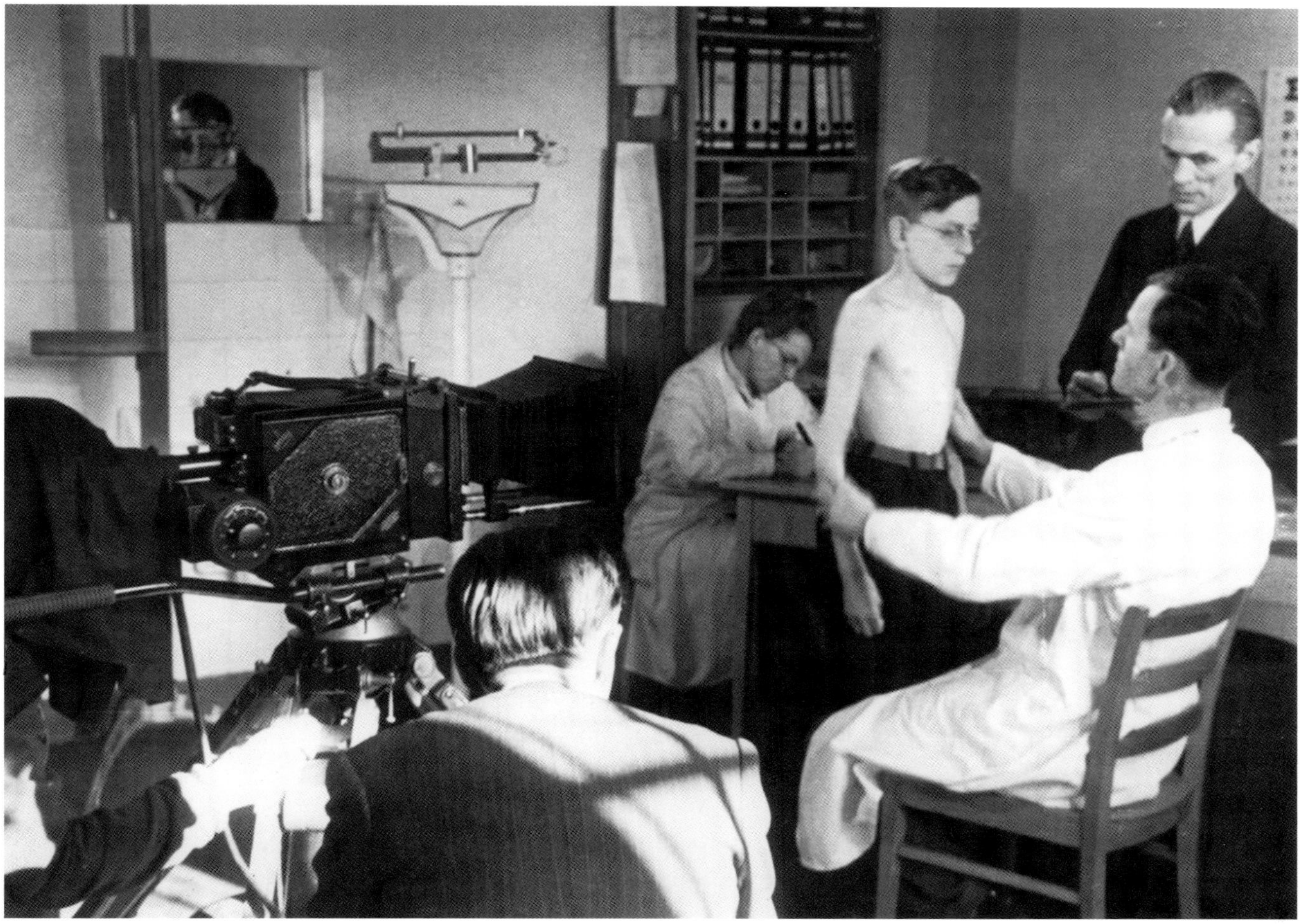

Ab März 1946 werden »Hoover-Speisungen« mit Pudding, Kakao und Schokolade angeordnet und täglich circa 45.000 Schüler mit einem warmen Essen versorgt. »Das war die schönste Schulstunde«, titelte der »Weser-Kurier« am 27. März 1946. Das Programm beruhte auf der Initiative des ehemaligen amerikanischen Präsidenten Herbert Clark Hoover. Angesichts des Nachkriegselends nicht nur in Deutschland organisierte er ein Hilfswerk für Kinderspeisungen in ganz Europa. Das nach ihm benannte Programm sollte die Kinder vor Hunger und Unterernährung bewahren. Die Richtlinien für die auf dieser Grundlage organisierte Schulspeisung legten fest, wer zum empfangsberechtigten Personenkreis zählte, nämlich prinzipiell alle schulpflichtigen Kinder im Alter von sechs bis 18 Jahren. Die Aufnahme in das Programm setzte aber ein ärztliches Gutachten voraus.

Gekocht wurde zweimal täglich, vor- und nachmittags. Die Speisen wurden in großen Kannen zu den Volksschulen gefahren und dort unter Aufsicht ausgegeben. Ferner überzeugten sich die Lehrer durch Kostproben von der Qualität des Essens. »Speisereste fallen nicht an«, hieß es lapidar in den Berichten.

Die Art und Zusammensetzung der Mahlzeiten war genau vorgeschrieben: An 250 Tagen im Jahr gelangte eine Kost in Höhe von 350 Kalorien zur Ausgabe. Die Mahlzeit war unter Aufsicht der Schule einzunehmen und wurde an sechs Tagen in der Woche verabreicht. Ziel der Schulspeisung war: »Zweimal ein Gericht auf Nährmittel-Milch-Basis, süß, zweimal auf Hülsenfrüchte-Basis mit Kartoffeln und Fett, einmal auf Nährmittel-Obst-Basis, süß, und einmal auf Nährmittel-Gemüse-Basis.«

Herbert Clark Hoover war zwischen 1929 und 1933 der 31. Präsident der USA und erwarb sich später bleibende Verdienste durch das von ihm organisierte Hilfswerk der Kinderspeisungen in Europa, die nach ihm benannt wurden und Kinder vor Hunger und Unterernährung bewahren sollten.

Das Foto auf der rechten Seite stammt von Magnus Iken, das des Mädchens aus dem Bestand der »CARE Mission to Germany« in Bad Godesberg und gelangte im Rahmen der amerikanischen Pressekampagne nach Bremen.

Das kleine Mädchen ist zehn Monate alt und studiert die Lebensmittelliste eines CARE-Paketes. Die CARE-Aktion (CARE = Cooperative for American Remittances to Europe) beruhte auf privaten Spenden und dem Engagement amerikanischer Wohlfahrtsverbände. Dieses Paket stammt von einer unbekannten amerikanischen Familie. Das Kind ist die jüngste Tochter einer polnischen Flüchtlingsfamilie, die sich weigerte, nach Polen repatriiert zu werden, und deshalb noch in einem Lager lebt.

Im März 1946 kann die erste Schiffsladung mit CARE-Paketen aus den USA im bremischen Hafen gelöscht werden. Rund 1000 Tonnen Hilfsgüter halfen, die gröbste Not zu lindern. Der »Weser-Kurier« listete den typischen Inhalt eines solchen Pakets wie folgt auf: »4 Büchsen mit Fleisch, 1 mit Bohnen, 10 mit Käse, 10 mit Puddingpulver, 2 mit Butter, 2 mit Kaffee, 2 mit Marmelade, 2 mit Kondensmilch, 2 mit Keks, 10 Rationspäckchen, 20 Tafeln Schokolade, 10 Päckchen Zigaretten und noch einiges mehr.« (21. August 1946).

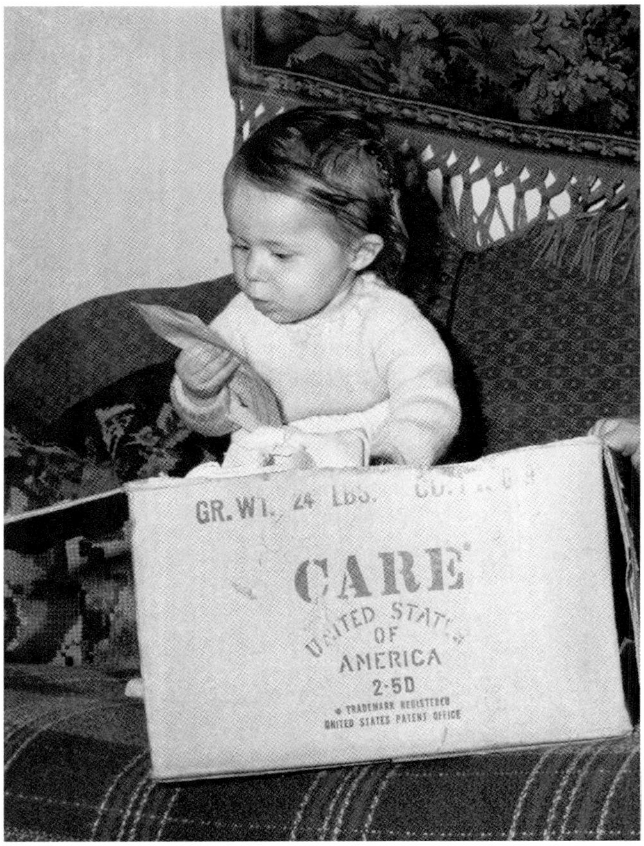

Mit einem dreirädrigen Hanomag-Transporter wird Essen in verschiedenen Behältern auf den Schulhof der »Schule an der Schaumburger Straße«, die 1947 ihren Betrieb mit sechs Grund- und zwei Hauptschulklassen wieder aufgenommen hatte, angeliefert.

Lebensmittel waren nach dem Krieg rationiert und nur auf Marken zu bekommen. Allein nach den zugeteilten Lebensmittelmarken hätte die tägliche Ernährung folgendermaßen ausgesehen: 8,2 Gramm Fett, das entspricht ungefähr einem Löffel voll, 200 Gramm Brot, also drei Scheiben, eine für morgens, eine für mittags und eine für abends. Darüber hinaus noch je einen Teelöffel Marmelade und Kunsthonig, einen halben Löffel Streichkäse, 5,7 Gramm Rohrzucker, 8,3 Gramm Haferflocken oder Gries, und tatsächlich 6,6 Gramm Fleisch. Doch oft gab es nicht einmal dies. Diese Angaben verdeutlichen die existenzielle Bedeutung, die den Schulspeisungen zukam.

Die 1931 nach zweijähriger Bauzeit fertiggestellte Schule an der Schaumburger Straße war nach reformpädagogischen Gesichtspunkten konzipiert worden. Ihr Bau ist ein typisches Beispiel für die im Laufe der 1920er Jahre entwickelte Architektur mit Stahlbetonskelettbauweise und vorgelegter Klinkerfassade. Flachdächer und Fensterbänder betonen in typischer Weise die Horizontale: Eine moderne Architektur für eine moderne Pädagogik, für die unter anderem Fritz Gansberg, der allseits geschätzte Reformpädagoge und Autor der »Gansberg-Fibel«, eintrat.

Die Fotos stammen von Walter Cüppers, einem professionellen Bremer Fotografen und Filmemacher. Während des Krieges fotografierte er für die NS-Gauverwaltung vor allem Bombenschäden. Damit sollten spätere Reparationsforderungen gegen die »Anti-Hitler-Koalition« belegt werden. Von 1930 bis 1932 war Cüppers im Adressbuch als selbstständiger Fotograf mit einem Atelier in der Roonstraße 65 verzeichnet. 1939 warb er im Branchenteil des Adressbuches mit dem Eintrag: »Cüppers, Walter, Bildberichterstatter, Auf der Brake 26, privat: Humboldtstraße 1«. Nach dem Krieg bot er »Industrie- und Werbeaufnahmen« an.

Das nach dem amerikanischen Außenminister George Marshall kurz »Marshallplan« benannte »European Recovery Program« (ERP) wurde ab 1948 in die Tat umgesetzt. Es sah vor, die europäischen Länder beim Wiederaufbau ihrer unter den Kriegsfolgen leidenden Wirtschaft zu unterstützen und ihnen eine Teilnahme am Welthandel zu ermöglichen.

Knapp 14 Milliarden US-Dollar betrug das Volumen der Hilfsleistungen, die aus Krediten, Rohstoffen, Lebensmitteln und Handelsgütern bestanden. Im Rahmen dieses ERP erhielten Großbritannien fast 3,4 Milliarden, Frankreich 2,8 Milliarden und Deutschland knapp 1,4 Milliarden US-Dollar. Die Einbeziehung der westlichen Besatzungszonen Deutschlands in diese Wirtschaftsförderung zielte auch auf die Bindung Westdeutschlands an die freie Markwirtschaft und die Zementierung des Credos, dass demokratische Systeme und Lebensformen mit freien Handelsbeziehungen und marktwirtschaftlichen Wirtschaftsformen einhergehen. Politisch-strategischer Hintergrund des Marshallplans war der beginnende »Kalte Krieg« und die »Containment-Politik«, die Eindämmung des Kommunismus. Für die Bevölkerung der Westzonen brachte das Programm eine spürbare Verbesserung der Versorgungslage und die Einleitung eines wirtschaftlichen Aufschwungs. Die Umsetzung des European Recovery Program wurde mit einer massiven Publicity-Kampagne begleitet, in der Plakate wie dieses und sogar Briefmarken eingesetzt wurden.

Es geht vorwärts
ACH G!
BAUARBEITEN
durch den Marshallplan

Entladung amerikanischer Hilfsgüter im Europa- oder Überseehafen 1947 oder 1948. Die Bildserie dokumentiert die Entladung und Lagerung amerikanischer Hilfsgüter in Bremen. Es ist nicht genau zu ermitteln, ob es sich um Lieferungen im Rahmen der Hoover-Speisungen oder des Marshallplans handelt. Die Aufschrift »...seed, Idaho« auf den Säcken verweist auf Saatgut aus dem Bundesstaat Idaho. Das Kennzeichen AE identifiziert den Lkw als einen in der »American Enclave« zugelassenen Laster.

Die Fotos stammen von Walter Cüppers, einem professionellen »Bildberichterstatter«, der bereits während des Krieges als Fotograf und Filmer tätig war.

Auf diesem Foto von 1951 kündet eine große Stelltafel von einem ausgedehnten Bauvorhaben des Marshallplans im Bremer Westen. Nach dem Krieg war die Wohnungsnot dort besonders groß. Die Bevölkerung wohnte in Notunterkünften oder in den benachbarten Parzellengebieten in »Kaisenhäusern«, benannt nach Bürgermeister Wilhelm Kaisen, der den Ausgebombten ein bis dahin untersagtes Wohnrecht für die Kleingartengebiete einräumte.

Der Wiederaufbau begann bereits in den frühen 1950er Jahren durch mehrere Wohnungsbaugesellschaften, unter anderem durch die GEWOBA. Große Wohnblöcke anstelle des »Bremer Hauses« sollten die akute Wohnungsnot schnell lindern. Mit Zentralheizungen anstelle des Kohleofens wiesen sie einen bis dahin unbekannten Komfort auf, dazu waren die Wohnungen viel besser belichtet und hatten Grünflächen vor der Haustür.

Die Einwohnerzahl wuchs rapide. Während 1945 Bremen nur noch rund 370.000 Einwohner aufwies, waren es 1966 um 600.000 Bürger. Bedingt durch Kriegszerstörungen, Zuwanderungen und Geburtenüberschuss entstand ein riesiger Bedarf an neuen Wohnungen. Von Mitte der 1950er bis Mitte der 1970er Jahre wurden 170.000 neue Wohnungen gebaut, viele davon im Rahmen des sozialen Wohnungsbaus. In Stadtteilen wie Walle oder Gröpelingen entstanden auf den vom Krieg zerstörten Brachen und in den Randgebieten neue Wohnblocks. Auf altem Bauernland wurden in der Vahr, in Blockdieck oder in Kattenturm ganze Stadtteile aus dem Boden gestampft. Auf dem Bild sind links im Hintergrund die Reste der Waller Jute-Spinnerei zu sehen, in der Mitte die Ruine der St. Marienkirche, der neben St. Johann im Schnoor zweiten großen katholischen Kirche in Bremen. Der Fotograf steht ungefähr an der Ecke alte Landwehr- und Lutherstraße.

HIER WIRD IN ZUSAMMENARBEIT MIT STADT-
LANDES-UND BUNDESBEHÖRDEN EIN
ERP ENTWICKLUNGSBAUVORHABEN
VON CA. 300 WOHNUNGEN FÜR ARBEITER ERSTELLT.
DIES IST EINES VON 15 PROJEKTEN IN WESTDEUTSCH-
LAND ZUR FÖRDERUNG BESSERER PLANUNG UND
BAUWEISE
DIESER BAU WIRD AUSSCHLIESSLICH MIT MARSHALLPLANGELDERN FINANZIERT

Stuckateur, Redakteur des sozialdemokratischen »Bremer Volksblattes« nach dem Ersten Weltkrieg, Chefredakteur der ebenfalls SPD-eigenen »Bremer Volkszeitung« ab 1928, Mitglied der Bremer Bürgerschaft, Senator für Soziales des Bremer Senats von 1928 bis 1933, dann Landwirt bis 1945, danach Bürgermeister und Präsident des Bremer Senats – das sind die biografischen Eckdaten von Wilhelm Kaisen, des ersten demokratischen Bremer Bürgermeisters nach Ende der NS-Zeit 1945. Es fehlen noch die Jahresangaben seines Beitritts zur SPD, 1905, und die Heirat mit der Bremerin Helene Schweida, 1916.

Nach dem erzwungenen Rücktritt des Senats und der Einsetzung eines NS-Reichskommissars 1933 erwarb Kaisen eine Siedlerstelle in Borgfeld und wurde Landwirt. Nach dem Krieg setzte ihn die amerikanische Militärregierung zunächst wieder als Senator für das Wohlfahrtsamt ein, um ihm im August des Jahres 1945 das Amt des Präsidenten des Senats zu übertragen. »Kaisen war die entscheidende Instanz bei den wichtigsten Maßnahmen jener Zeit: Beseitigung der Wohnungsnot, Trümmerräumung und Wiederaufbau; Verhinderung von Demontagen, Wiederbelebung der Häfen und der Industrie; Entwicklung der Enklave Bremen«, sagt Herbert Schwarzwälder in seinem Großen Bremen-Lexikon und fährt fort: »Kaisens positive Haltung zur Westorientierung und zur Wiederbewaffnung im Rahmen der europäischen Integration und der Nato wurde von Teilen der eigenen Partei heftig kritisiert.« Um Mehrheiten zur Durchsetzung seiner politischen Ziele zu erreichen, ging Kaisen Bündnisse mit dem bürgerlichen Lager ein, die in seiner Partei sehr unpopulär waren. Aber mit seiner ruhigen Art und seiner Fähigkeit zur Integration der unterschiedlichen Strömungen hielt er seine Parteibasis zusammen und war als Person über die Parteigrenzen hinweg geachtet. »Als Politiker und als volkstümliche Persönlichkeit wurde er als Landesvater angesehen«, resümiert Herbert Schwarzwälder.

Oben: Wilhelm und Helene Kaisen, vor ihrem Siedlungshaus in Borgfeld beim Begutachten der Apfelblüte und Wilhelm Kaisen bei der Landarbeit: Futtermachen für die Tiere. Unten: Der Landesvater mit wärmender Pudelmütze und, schon etwas offizieller, bei den Stadtmusikanten vor dem Rathaus.

Bis sie ins Fotoarchiv der Landesbildstelle gelangten, waren die von Leonhard Kull und Karl Böhnert (unten links) aufgenommenen Fotos von der Pressestelle der Senatskanzlei auf Anfrage zur Verfügung gestellt worden.

Richard Nixon, später bekannt geworden als der 37. Präsident der USA, in die Schlagzeilen geraten als Verantwortlicher für den Watergate-Skandal und deshalb 1974 zurückgetreten, zu Besuch in Bremen. 1946 war Nixon für die kalifornischen Republikaner in den amerikanischen Kongress gewählt worden und wurde zwei Jahre später Mitglied des nach dem Gouverneur von Massachusetts benannten Herter Committee, das in Europa die Umsetzung des European Recovery Program kontrollieren und einen Bericht darüber für den Kongress verfassen sollte. In diesem Zusammenhang war Nixon 1951 auch in Bremen.

Der Mann ganz links im Bild ist Charles Richardson Jeffs, Militärgouverneur und Landeskommissar der USA in Bremen. Als Captain war er im August 1945 nach Bremen versetzt worden und machte sich dort um die Wiederherstellung von Bremerhaven als Port of Embarkation verdient. Nach Positionen als Kommandant der amerikanischen Flottenbasis in Bremen und als Stellvertretender Befehlshaber der US-Marinestreitkräfte in Deutschland erfolgte im November 1948 seine Berufung zum Direktor des Military Government und nach dessen Auflösung im September 1949 zum Landeskommissar für Bremen. Jeffs war mit einer Bremerin verheiratet und blieb in Bremen.

Werbeaktion der Firma Hachenburg vor der noch von Granatsplittern und Einschusslöchern übel gezeichneten Fassade des Goethetheaters. Die Plakate appellieren an den Gemeinschaftsgeist (»Bremen baut auf, Jahr um Jahr, Bremen, das sind wir alle, ich und du«), sich über alle Gesinnungs- und Herkunftsgrenzen hinweg am Wiederaufbau aktiv zu beteiligen (»ob zugezogen oder tagenbaren«). Die Plakate links formulieren offenbar verbreitete Bedenken (»Ich nicht, hab leeren Bauch, krank bin ich auch«), gegen die die Werbeaktion angehen will. Walter Hachenburg betrieb von 1952 an seine Werbefirma in der Humboldtstraße, in der er Maler-, Klempner- und Elektrowerkstätten für die Anfertigung von Werbung und Lichtreklame vereinte. Vor dem Krieg hatte der anerkannte Reklamefachmann sein Büro drei Häuser neben dem Schauspielhaus am Ostertorsteinweg. Bevor er sich selbstständig machte, hatte Hachenburg in den 1920er Jahren in der Werbezentrale des Norddeutschen Lloyd gearbeitet. In den 1950er und 1960er Jahren betrieb er neben seiner Leuchtreklame auch Kinowerbung mit Dias. Außerdem war er ein sehr guter Amateurfilmer.

Die Werbemaßnahme erfolgte wohl im Auftrag des Senators für das Bauwesen. Jedoch legt das Foto, wahrscheinlich unbeabsichtigt, auch Zeugnis vom Programm des Theaters ab und veranschaulicht durch die Werbung des Wäschehauses Kayser, wie sparsam man mit Bedarfsgütern in der Zeit umging: »Rangier nicht alte Schlipse aus – bei Kayser werden neue draus«.

J. C. KAYSER
Wäsche
Rangier' nicht alte Schlipse aus bei KAYSER werden neue draus
STEMPEL-SCHILLER
VAUPEL
Ich nicht!
Hab' leeren Bauch,
Geschäft und so....
Krank
So kommen wir nicht weiter!
BREMEN baut auf Jahr um Jahr
BREMEN das sind wir alle ich und du
Ob SP- oder KPD oder auch die CDU
ob zugezogen, ob tagenbar,
jeder hilft mit das ist ganz klar

ZEIT IM SPIELPLAN
Wie es Euch gefällt
WILLIAM SHAKESPEARE
JOH. WOLFGANG von GOETHE »IPHIGENIE«
KAYSER
STEMPEL
Also RAN!
Halte jeder sich bereit,
eine Woche seiner Zeit
für den Aufbau herzugeben.
Stöhne, schimpfe, klage nicht,
bist sonst nur ein armer WICHT.
Richtige BREMER packen zu –
du lebst in BREMEN
also auch DU!

Alltag

Die Aufwertung der Fotografie als eines Mediums, mit dessen Hilfe man Geschichte nicht nur betrachten, sondern auch rekonstruieren kann, ist eng verbunden mit den wechselnden Strömungen in der Geschichtsschreibung. In den 1970er Jahren begann der Abschied von einer Geschichte, die ihr Fach vorrangig als politische Geschichte verstand, als Ereignis- und Diplomatiegeschichte und damit als eine Geschichte aus der Perspektive der Herrschenden. »Geschichte von unten«, oral history und Alltagsgeschichte rückten die Geschichte der gemeinen Frau und des gemeinen Mannes in den Mittelpunkt. Damit gerieten auch ihre Arbeits- und Lebensverhältnisse, kulturelle und Freizeitaktivitäten, Vereins- und Organisationswesen, das Leben in den Stadtvierteln, scheinbar Privates, Jugend-, Frauen- und Arbeiterkultur, kurz: der Alltag der »kleinen Leute« in das Blickfeld.

Im Schnoor vor dem Ersten Weltkrieg. Wir sehen in die Wüste Stätte in Richtung Hinter der Holzpforte. Dieser Name leitet sich von einem nachts verschlossenen Zugang in der Stadtmauer her, der den Holzanlandeplatz an der Weser vor unbefugtem nächtlichen Zutritt schützen sollte. Wir blicken auf die Rückfront des 1630 gebauten Concordenhauses, das im Laufe des 19. Jahrhunderts stark verfallen war. Der Fotograf inszenierte dieses Foto, indem er die beiden Männer in ein Gespräch vertieft in den Mittelpunkt der Gasse (und des Bildes) platzierte. Welchem Tagwerk sie nachgehen, ist nicht klar, die Adressbücher führen hier Knochenhauer, Tonnenmacher, Schiffer, Torfhändler, Branntweinbrenner als Bewohner auf und verzeichnen etliche »Tobacksfabricken«. Möglicherweise gehören die Männer zu diesen Berufsgruppen.

Im 20. Jahrhundert beginnt ein wirtschaftlicher Abstieg im Schnoor, bedingt auch durch die kleinen Grundstücke und engen Gassen, die keine Expansion erlauben. Das Viertel wird zum Arme-Leute-Quartier, zur Heimat von städtischen Unterschichten und religiösen wie kulturellen Minderheiten. Auch die Bausubstanz verfällt rapide. In den Debatten der Bürgerschaft bezeichnet man den Schnoor um 1900 immer wieder als Sanierungsgebiet. Bausubstanz, Abwässerentsorgung, Wohnungen wie hygienische Verhältnisse entsprechen nicht mehr der Zeit. Jahrzehntelang hatte sich offenbar nichts verändert. Als Erster hatte sich bereits Philip Cornelius Heineken, Mitglied des Bremer Gesundheitsrats, im Jahr 1835 aufgemacht, die Gangwohnungen auf den Schattenseiten der Stadt zu besuchen: »Meist bestanden diese Wohnungen nur aus einem einzigen Raume, in dem sich das gesamte Leben abspielte.« Heineken malt sein Sittengemälde in grellsten Farben: »Der Feuerherd ist das einzige Merkmal, daß sie zur Wohnung menschlicher Wesen dienen; auf feuchten, oft ungedielten Fußboden bilden sich die Bewohner in einer Ecke ein Lager, auf welchen, Thieren gleich, Alt und Jung, Mann und Weib, bunt durcheinander ruhen. Der Ekel erregendste Schmutz hat hier seine Hütte aufgeschlagen und herrscht in den Häusern, wie in dem Gange selbst, aus welchem das sich ansammelnde Regenwasser, verbunden mit dem Kehricht und der Giftjauche der Schweine und Kühe [...] keinen anderen Ausweg findet, als daß die Luft verdunstet, was langsam genug geschieht, da kein Sonnenstrahl es erreichen kann. Ist es wohl zu verwundern, daß diese Gänge und Höfe vom Typhus in seinen bösartigsten Formen so oft heimgesucht wird? Und daß er, hat er sich dort einmal eingenistet, oft von Haus zu Haus schleicht und so schwer wieder auszurotten ist?« Der Schnoor – wahrlich keine gesunde Gegend zum Leben.

Die Großenstraße im Stephaniviertel im Jahr 1935. Der Kutscher mit seinem Pferdefuhrwerk dominiert das von Baurat Lempe aufgenommene Bild. Die Versandung der Weser hatte dazu geführt, dass der wasserseitige Verkehr zu den Hafengebieten ab- und der Transport über die Großenstraße zunahm. Die Motorisierung des Transportwesens war zwar in vollem Gange, gerade für den innerstädtischen Warentransport gehörten aber Pferdefuhrwerke noch bis zum Zweiten Weltkrieg zum alltäglichen Straßenverkehr. Auch in der Hafenwirtschaft waren weiterhin zahlreiche Pferdefuhrwerke unterwegs, und viele Fuhrleute und Kutscher wohnten im hafennahen Stephaniviertel. Für die Großenstraße verzeichnet das Adressbuch auffällig viele Schankwirtschaften und Bierhallen, als Bewohner nennt es neben zahlreichen »Arbeitsmännern« auch etliche »Schlachtfuhrmänner«.

Das große Gebäude am rechten Bildrand ist die Schule in der Großenstraße, zwei Kinder stehen davor, von denen eines neugierig in Richtung des Fotografen schaut. Kennzeichnend für die Großenstraße waren neben den kleinen Wohnhäusern mit den charakteristischen Utluchten aber auch hier nicht sichtbare große Packhäuser. Neben den kleinen Giebelhäusern gab es im Viertel größere Mehrfamilienhäuser, wie auf dem Bild neben der Schule erkennbar. Die Schule war ursprünglich eine »Freischule« gewesen, an der das übliche Schulgeld entfiel. Die erste Freischule Bremens war 1853 in der Großenstraße in einem ehemaligen Krankenhaus eingerichtet worden. Die Elementarschule hatte eine Klasse mit fast 50 Kindern, die Knabenschule zwei Klassen mit über 70, die Mädchenschule ebenfalls zwei Klassen mit 65 Kindern. 1884 wurden mehr als 1000 Schüler unterrichtet.

Die Fotografien der folgenden Seiten stellen Arbeitsweisen, Tätigkeiten, Handwerke und Berufe vor, die einer vormodernen Zeit angehören. Ihre Bedeutung war im Zuge der Ende des 19. Jahrhunderts in Bremen stark einsetzenden Urbanisierung und Industrialisierung zurückgegangen, bis sie im Verlaufe des 20. Jahrhunderts ganz ausstarben. Die meisten der Bilder entstanden in den 1920er und 1930er Jahren, als der technische Fortschritt eine rasante Beschleunigung erfuhr. Aber gerade in dieser Zeit entstand ein Verlangen, die »gute, alte Zeit« festzuhalten, die Erinnerung an aussterbende Lebens- und Arbeitsweisen zu bewahren. So sind diese Fotos letztlich Zeugnisse des historischen Wandels, der Diskontinuität in der Geschichte.

Auf dem Schild hinter den versammelten Herren steht zu lesen: »Korbmacher Innung«. Das Foto aus der Zeit um 1900 dokumentiert ein für die Innung wichtiges Ereignis. Inszenierung des Bildes und Haltung der Personen drücken das aus. Um welche Veranstaltung es sich handelt, ist nicht eindeutig zu klären, deshalb kann der Anlass nur vermutet werden. Aus dem Wissen heraus, dass jährlich Leistungswettbewerbe sowohl auf überregionaler Ebene als auch in Bremen stattfanden, könnte auf dem Bild eine Preisverleihung zu sehen sein. Die Herren in der Mitte mit Zylinder und Frack wären die Innungsmeister, sitzend die höherrangigen. Rechts und links, in den weißen Hemden mit Kappe und Schärpe und Arbeitsgeräten, wären die Wettbewerbsteilnehmer, die Preisträger tragen Schärpen, ihre Pokale stehen auf dem Tisch. Die Anzahl der Teilnehmer spricht für eine kleinere Region, die durch die Fahne rechts am Gartentor zu bestimmen wäre. In Norddeutschland konzentrierten sich Korbmacher in der Nähe von Bremerhaven, Geestemünde, Bexhövede und Bederkesa, was sicherlich mit der Fischwirtschaft zusammenhing. Körbe dienten als Transportbehälter für Fische. In Bremen waren Korbmacher unter anderem im Ostertor, zum Beispiel in der Straße In den Runken, ansässig. Rechts ist ein Zelt zu erkennen, der Eingang zentral hinter der Menschengruppe ist anscheinend aus Weiden geflochten, ebenso der Tisch.

Die Innungen als Nachfolger der Zünfte, in Bremen »Ämter«, waren Zusammenschlüsse von Handwerkern, denen unter anderem die Ausbildung der Gesellen und die Abnahme von Prüfungen oblagen. Korbmacher stellen Körbe aus Weidenruten her. Ihren Rohstoff fanden sie kostenlos in der Natur in Form von Weidenbäumen an Bächen und Flussläufen. Die einjährigen Weidenschösslinge wurden in einer Höhe von einem bis eineinhalb Metern geschnitten, dann geschält. Die Ruten wurden in Wasser eingelegt, damit sie geschmeidig blieben. Zunächst wurde der Boden des Korbes über einem Gestell geflochten, dann die Seitenwände, indem man die Ruten zwischen senkrecht verlaufende Streben klemmte und sie aufeinanderdrückte. In früherer Zeit waren viele Korbmacher zugleich Hausierer. Bis zu ihrer zunehmenden Verdrängung durch industrielle Produkte aus Draht und später Kunststoff waren aus Weidenruten geflochtene Körbe ein ständig benötigter Gebrauchsgegenstand in der Landwirtschaft, im Handwerk und in den Haushalten. Das Korbflechten stellte einen klassischen Nebenerwerb dar.

Der Scherenschleifer gehörte als Wanderberuf zum »fahrenden Volk« und war dementsprechend bei der »sesshaften« Bevölkerung nicht besonders hoch angesehen, auch wenn seine Dienste bis vor wenigen Jahren unentbehrlich waren. Eine Vielfalt von Bevölkerungsgruppen der unteren und untersten Ränge vor allem der vormodernen Gesellschaften war Teil des fahrenden Volkes, deren Lage von Armut gekennzeichnet war und die sich zu ihrer Existenzsicherung auf Wanderung begeben mussten. Die Mehrheitsgesellschaft stigmatisierte sie und belegte sie mit dem Generalverdacht der Delinquenz.

Mit seinem Wetzstein, häufig aus hartem Kieselsandstein, zog der Scherenschleifer über Land und durch die Städte, um Scheren, Messer und anderen Schneidwerkzeugen der Privathaushalte neue Schärfe zu verleihen. Seine Berufsbezeichnung rührt von seiner anspruchsvollsten Aufgabe her, ein Paar Scherenblätter passend zu schleifen. Das Prinzip des Schleifens ist immer gleich: Die Schneide wird über den Wetzstein gezogen, der per Fuß über ein Hebelsystem mit einem Schwungrad in Bewegung gesetzt wird. Die entstehende Hitze muss gegebenenfalls in einen länglichen und offenen Wasserkasten, in den der runde Stein hineinragt, abgeführt werden.

Der abgebildete Scherenschleifer kann seine Apparatur wie eine Schubkarre bewegen. Das große Rad ist das den Wetzstein antreibende Schwungrad. Durch moderne Massenproduktion sind Messer und Scheren so billig geworden, dass man die Dienste von Scherenschleifern nicht mehr benötigt. Manche Scherenschleifer führten ein dressiertes Äffchen mit sich, um das Publikum anzuziehen, daher die Redensart »Wie ein Affe auf'm Schleifstein«, obwohl die Affen gerade da nicht saßen, sondern rund um den Apparat auf und ab turnten.

Blick auf die Kleine Wümme im Blockland im Jahr 1930. Rechts ein stattlicher Bauernhof. Der Torfbauer wriggt seinen Kahn vorwärts. Beim Wriggen wird ein Ruder über eine Dolle am Heck ins Wasser getaucht und mit einer achtförmigen Bewegung hin- und herbewegt. Durch die Wasserverdrängung entsteht ein Schub vorwärts. Diese Art des Vortriebs fand immer dann Anwendung, wenn aufgrund der Wassertiefe nicht mehr gestakt werden konnte.

Kähne wie der auf dem Foto zu sehende waren für die Bauern wichtige Arbeitsmittel, sie zu bedienen, Bestandteil der alltäglichen Arbeit. Die Bauern nutzten sie zum Transport von Heu von den Wiesen in die Scheunen, vor allem aber für den Torftransport aus den Moorgegenden nach Bremen. Der gebräuchlichste Kahn war etwa zehn Meter lang und zwei Meter breit und besaß ein Fassungsvermögen von 50 Körben Torf. Kähne solcher Größe bezeichnete man als Halb-Hunt. Das Schiffsmaß Hunt war vom Senat der Hansestadt Bremen als Raummaß festgesetzt worden und entspricht zwölf Kubikmetern. Viertel-Hunt-Schiffe befuhren die kleinen Gewässer, die Halb-, Dreiviertel- und Ein-Hunt-Kähne die größeren Gewässer. Die bis zu 20 Hunt Torf fassenden Schiffe der Torfhändler wurden Bockschiffe oder Böcke genannt. Leider ist auf diesem und dem nachfolgenden Bild das für den Torfkahn charakteristische braun gefärbte Luggersegel nicht aufgezogen. Diese waren etwa zwölf Quadratmeter groß und hingen an einem sechs Meter hohen Mast. Aus dem Teufelsmoor kamen die Torfbauern über die Hamme, die Ritterhuder Schleuse, die Wümme und die Semkenfahrt zum Torfkanal, der sie in die »Utbremer Vorstadt« führte, wie der Stadtteil Findorff vor 1951 offiziell noch bezeichnet wurde. Am Ende mündete der Wasserweg in das Torfbassin am Weidedamm. Dort wurde Torf verkauft und auf Fuhrwagen umgeladen, mit denen die städtischen Abnehmer beliefert wurden.

Für die Bauern des Teufelsmoores war der Verkauf von Torf bis ins 20. Jahrhundert der wichtigste Gelderwerb. Im nahe gelegenen Bremen fanden sie reichlich Abnehmer für das bevorzugte Heizmaterial. So wurde der Torf auf Flüssen und Kanälen bis in die verschiedenen Anlandestellen in Walle, Gröpelingen, Vegesack oder den im Bild gezeigten Torfhafen in Findorff gefahren.

Um 1720 hatte die staatliche Moorkolonisation im Teufelsmoor begonnen. Jürgen Christian Findorff legte im Auftrage des englisch-hannoverschen Königs Georg II. ab 1751 systematisch Dörfer und Gräben an und ließ Entwässerungskanäle bauen. Die Bauern nutzten die Kanäle im Verbund mit den Flussläufen Hamme, Wörpe und Wümme als Verkehrsnetz.

Von Worpswede aus war Bremen mit dem Torfkahn in drei bis vier Tagen durch die damals noch unbegradigte Hamme erreichbar. Später wurde die »Semkenfahrt« »gestochen«, wodurch die Reise auf ein bis zwei Tage verkürzt werden konnte. Um 1875 verkehrten etwa 1500 Torfkähne auf den Wasserstraßen nach Bremen, von bis zu 35.000 Schiffsbewegungen jährlich wird berichtet. Augenzeugen erinnerten sich an einen vollen Torfkahnhafen noch in der Nachkriegszeit.

1873 ersetzte das auf dem 1925 von Heinrich Franzen aufgenommenen Bild zu sehende Findorffer Torfbassin zwischen Eickedorfer- und Neukirchstraße den alten Torfhafen, der dem Bau des Schlachthofs hatte weichen müssen. Der neue Hafen erstreckte sich auf dem Gebiet des heutigen Findorffmarktes über 1,8 Kilometer bis an die Hemmstraße. 1913 wurde der westliche Teil des Findorffer Bassins zugeschüttet, ein Indiz dafür, dass Kohle Torf zunehmend als Heizmaterial ablöste. Heute zeugt nur noch ein kleines Bassin von 150 Metern Länge von dem einst unverzichtbaren Umschlagplatz. Im Hintergrund die Schule an der Regensburger Straße und die an der Nürnberger Straße.

Heinrich Franzen war in den 1930er Jahren pädagogischer Mitarbeiter der Bremer Landesbildstelle für den Bereich Fotografie und von 1951 bis 1965 ihr Leiter.

Heinrich Franzens Foto aus dem Jahr 1925 zeigt einen Torfbauern auf der Heimreise am Findorffer Torfkanal. Waren die Windverhältnisse und die Strömung widrig, konnten die Schiffer kein Segel setzen. In diesem Falle behalfen sie sich damit, den Torfkahn mit einem Ruder vom Ufer aus vorwärtszubewegen. Dass dies keine Seltenheit war, zeigt deutlich der ausgetretene Pfad entlang des Ufers. Reichte auch das nicht aus, wurde der Kahn getreidelt, das heißt mit einem Tau von Mensch oder Tier (Pferd, Ochse) vom Ufer aus gezogen. Der Torfschiffer kommt wahrscheinlich aus dem Findorffer Hafen und befindet sich auf dem Leinepfad entlang des Torfkanals am Bürgerpark. Ab 1907 erfolgte der Bau des Weidedamms, eines Dammes, der den Torfkanal auf der Findorffer Seite begleitete und später zur Straße ausgebaut wurde.

Ein Flussfischer repariert mit der Biesnadel seine Reusen und Stellnetze für den Aalfang. Reusen sind Fallen, in die in Bodennähe lebende Fische durch Köder gelockt werden, in den Stellnetzen hingegen verfangen sich ihre Kiemen.

Eine Korbreuse besteht aus Holz, Korbgeflecht oder Metall und hat meist eine zylindrische oder quadratische Form mit einer oder zwei trichterförmigen Öffnungen. Die Tiere können in die Reuse hineinschwimmen, aber nicht wieder heraus. Manche Reusen sind auch dauerhaft im Grund verpflockt, sodass die Fische in eine oder mehrere hintereinandergereihte Kammern gelenkt werden, durch die der Weg in eine Sammelreuse führt.

Ursprünglich wurden die Netze mithilfe der Zungennadel und des Strickholzes, auch Strickstock genannt, aus Hanf, später aus Nylon, geknüpft, in der Fachsprache »gestrickt«, wobei die Größe des Strickholzes die Maschenweite festlegte. Auch das Ausbessern von Netzen erforderte spezielle Fertigkeiten und Werkzeuge. Die Fischer konzentrierten sich auf den Fang von Aalen, die sie selbst räucherten und verkauften. Die Fangreviere reichten die Weser abwärts bis Hagen-Grinden, auch in der Aller wurde nach Aal gefischt. Im Bildhintergrund des 1928 von Heinrich Franzen aufgenommenen Fotos liegt ein Fischernachen aus Eichenholz.

Heinrich Franzen fotografierte 1926 einen Dachdecker bei der Arbeit. Der Mann bessert das Reetdach einer Scheune aus. Ein Reetdach kann auf drei verschiedene Arten hergestellt werden: als geschraubtes, genähtes oder gebundenes Dach. Das Reet wird in geschnürten Bündeln geliefert, auf den Dachlatten verteilt und dann so verschoben, dass die unteren Reethalme eine schräge einheitliche, durchgehende Fläche bilden. Das ist gut am rechten, bereits fertig eingedeckten Teil des Daches zu erkennen.

Die erste Schicht, die »Traufschicht«, wird unter Spannung durch die Bindung am Dach gehalten. Die Spannung erhält die Deckung dadurch, dass die Auflagekante an der Traufe (Kniep) fünf bis sieben Zentimeter höher liegt als die Dachlattenebene. Bei den gebundenen und den geschraubten Dächern wird ein Haltedraht (Schacht) auf die etwa einen Meter breiten und zehn bis 20 Zentimeter starken Lagen gelegt und durch einen geschraubten oder gebundenen Draht auf die Lage gedrückt. Mit dem Klopfbrett werden die Lagen hochgeklopft und in Form gebracht. Dies wird Lage für Lage bis zum Erreichen des Dachfirsts fortgeführt, durch das Überdecken der einzelnen Lagen liegt die Bindung in der Mitte der Deckschicht. Das genähte Reetdach kommt ohne Haltedraht aus und ist aufwendiger zu verarbeiten.

Reet, auch Reeth, Reth, Reith, Ried, Riet oder Rohr genannt, bezeichnet das an Ufern oder auf sumpfigem Gelände wachsende Schilfrohr, das in vielen Gegenden getrocknet als Material für das Decken von Dächern Verwendung fand. Es war eines der ersten Materialien, das die sesshaft gewordenen Menschen zum Dachdecken verwendeten – Schilf war überall in nächster Nähe reichlich verfügbar und sorgte aufgrund seiner physikalischen Eigenschaften für guten Wärmeschutz im Sommer, im Winter hielt es die Kälte ab.

Der Lehrer Friedrich Frevert war begeisterter Fotograf und wurde bald Geschäftsführer der »Bremischen Lichtbildzentrale«, die durch den Bremischen Lehrerverein und die Senatskommission für das Unterrichtswesen gegründet wurde und 1924 ihre Arbeit systematisch aufnahm. Ab 1937 übernahm Frevert hauptberuflich die Leitung der Bildstelle Bremen. Von ihm wird erzählt, dass er stets seine Kamera dabeihatte und seine schwere Ausrüstung auch im Urlaub durch ganz Deutschland schleppte. So gelangten auch hervorragende 9x12-Glasplatten-Aufnahmen von Motiven in den Bestand der Bremischen Lichtbildzentrale, die dort niemand vermuten würde, so auch das hier gezeigte Beispiel.

Frevert fotografierte Mitte der 1930er Jahre im Harz eine alte Frau, die zum Beerensammeln unterwegs war. Vor dem Bauch trägt sie einen Emaille-Becher, auf dem Rücken eine Kiepe. Früchte wie Heidelbeeren, Brombeeren oder Himbeeren kommen in den Becher, der möglicherweise von Zeit zu Zeit in die Kiepe geleert wird. Jetzt ist der Becher bereits fast ganz gefüllt. Vielleicht sammelt die Frau zusätzlich auch Pilze oder Kräuter. Laut Freverts weiteren Angaben zum Foto kommt die alte Frau aus Braunschweig.

Die Frau hat einen Wanderstock in der Hand, was darauf hindeutet, dass ihre Tour beschwerlich ist und vermutlich länger dauern wird. Dennoch zeigt sie einen relativ entspannten und freundlichen Gesichtsausdruck.

Vielleicht hat Frevert diese Aufnahme auch gemacht, um seinen Schülerinnen und Schülern Momente einer Lebensweise bildlich vor Augen zu führen, die mehr und mehr im Verschwinden begriffen war. Die 1930er Jahre waren in Deutschland eine Zeit, in der sich in der Realität ein enormer Modernisierungsschub vollzog, gleichzeitig aber vormoderne, agrarisch und handwerklich bestimmte Lebensweisen idealisiert wurden.

Friedrich Frevert ist es vermutlich zu verdanken, dass nach Gründung der »Lichtbildzentrale« 1924 in nur fünf Jahren der Bestand von anfangs etwa 700 Großdias auf 255 Reihen mit über 8000 Bildern anwuchs. Schon 1926 vermerkten die »Bremer Nachrichten«: »Die Lichtbildsammlung wird ein Werk von bleibendem und stetig wachsendem Wert auch für spätere Geschlechter!« (13. Dezember).

Bremen ist umgeben von einer äußerst reizvollen Landschaft. Wurden die natürlichen Ressourcen zunächst landwirtschaftlich genutzt, so boten Wümme und Hamme, Ochtum und Hunte mit ihren Naturräumen bald auch Naherholungsräume und Freizeitmöglichkeiten für eine städtische Bevölkerung – sei es für einen Ausflug in die »Sommerfrische«, eine herbstliche Wanderung oder zum Schlittschuhlaufen im Winter.

Die Wümme entspringt am Wilseder Berg und besaß früher ein verwildertes mäanderndes Bett mit vielen Buchten, Seiten- und Nebenarmen und Altwassern. Rund 15 Kilometer erstreckt sich der Blocklander Deich dem Lauf der Wümme folgend. Und obwohl es das Blockland auf eine ganz beachtliche Breite bringt, leben hier nur etwas über 400 Einwohner. Zwar hat das touristische Angebot in den Jahrzehnten nach dem Ersten Weltkrieg kontinuierlich zugenommen (Gasthäuser, Übernachtungen, Freizeitmöglichkeiten, Wassersport), die Seele der Gegend, die Landwirtschaft, ist aber erhalten geblieben. Im Hintergrund ist einer der repräsentativen Höfe am Blocklander Deich zu sehen, möglicherweise der Hof Feldmann, davor eine typische Flusslandschaft mit Schilfrohr und Weidenbäumen. Schilfrohr und Weidenruten kann man nur im Winter schneiden, wenn das Wasser gefroren ist. Auch das ist Teil der bäuerlichen Arbeit, Schilfrohr wird zum Dachdecken benötigt, und aus Weidenruten werden Korbwaren.

Das Foto von Friedrich Frevert aus dem Jahre 1930 zeigt eine Szene am Hollerdeich in Oberneuland. Rechts im Hintergrund ist gerade noch ein Mann zu erkennen, der einen Kahn führt, ein Mädchen oder eine junge Frau schaut ihm entgegen.

Hinter Ottersberg verästelt sich die Wümme zu einem Binnendelta, den Wümmewiesen. Im Winterhalbjahr stehen hier oft große Flächen wochenlang unter Wasser. Nord-, Mittel- und Südarm der Wümme vereinigen sich an der Nordostecke des Bremer Gebietes wieder zu einem Fluss, seitdem der zum Schutz des Hollerlandes (so genannt nach den für die Entwässerung und Urbarmachung der Gegend zuständigen holländischen Siedlern und Wasserbauern) mit dem Bremer Stadtteil Oberneuland angelegte Hollerdeich in diesem Bereich die Wümmewiesen nach Süden begrenzt. Ab 1113 hatten Holländer im Auftrage des Erzbischofs von Bremen mit der Kultivierung des Landes begonnen. Oberneuland wurde 1181 als »Overnigelant« in einer »Ansiedlungsurkunde« erstmals urkundlich erwähnt. Dokumentiert wurde der Verkauf von Ödland an namentlich nicht bekannte Holländer, die als Siedler einem besonderen Recht unterlagen, dem Hollerrecht, nach dem sie frei über ihr Land verfügen konnten. Entlang des Flusslaufes liegen im Binnendeichland Bauernhöfe, die Boote im Bildvordergrund werden zu Transportzwecken, etwa von Heu, als Verkehrsmittel und zum Angeln benutzt und gehören zur Grundausstattung der Höfe.

Der namentlich nicht bekannte Fotograf steht um 1930 auf der Borgfelder Brücke und fotografiert in Richtung Truper Deich einige stattliche Höfe. Die Kühe wandeln auf dem Borgfelder Deich, weiter links liegt die Jan-Reiners-Brücke, am rechten Bildrand sehen wir die Einmündung der Wörpe, die die Gegend um Grasberg mit Borgfeld und Bremen verbindet, in die Wümme. Hier fuhren auch viele Torfschiffe entlang. Der Name Borchfelde (1235) weist auf eine befestigte Burg an einem Wümmeübergang hin, die wahrscheinlich am Ende der Straße Upper Borg gestanden hat. Das Feld vor der Burg wurde im Mittelalter besiedelt und eingedeicht. Fast diagonal teilt die Wümme das Foto, das auch durch seine Wasserspiegelungen bemerkenswert ist.

Winterliche Idylle am Blocklander Deich, um 1930 aufgenommen vom leidenschaftlichen Fotografen und späteren Leiter der Landesbildstelle Bremen, Friedrich Frevert.

Das Blockland ist ein Landschaftsraum, der überwiegend durch flaches Marschland mit einer Höhe von 0,7 bis 1,8 Metern über NN geprägt ist. Ohne Deiche würden weite Flächen bei jeder Flut (zweimal täglich) überschwemmt werden. Wümme, Kleine Wümme, Hamme, Kuhgraben und eine Vielzahl von Gräben durchziehen das Blockland.

Ab 1113 starteten im Auftrag des Bremer Erzbischofs holländische Siedler die Trockenlegung des Blocklandes. In der Folgezeit entstand ein genau abgestimmtes System von Gräben, Deichen und Sielen. Zugleich wurden die Hemmstraße und die Waller Straße beiderseits der Kleinen Wümme als erste Anbindung des Blocklandes angelegt. Erst durch die fortwährenden Verbesserungen der Be- und Entwässerung war die landwirtschaftliche Nutzung möglich geworden. Mit der Landschaftskultivierung im Mittelalter wurde das Gebiet durch Gräben in Blöcke eingeteilt, woraus sich der Name »Blockland« ergab.

Entlang der Kleinen Wümme wurde ein Achterdeich aufgeworfen (die heutige Blocklander Hemmstraße); von hier aus arbeiteten sich die Siedler ins Sumpfland vor. Die schnurgerade ausgehobenen Entwässerungsgräben bildeten zugleich die Grenze zwischen den einzelnen Hufen, die eine festgelegte Länge von drei Kilometern hatten. In der Breite maßen die Grundstücke dagegen nur 150 Meter. Durch diese Aufteilung erhielt jeder Bauer den gleichen Anteil an gutem oder schlechtem Land. Außerdem musste jeder Bauer sein Deichstück in Ordnung halten. Je nach Bodenqualität wurden die Landstreifen in Acker- und Weideland aufgeteilt. Die Gehöfte wurden zunächst auf Wurten gebaut, um sie vor dem Wasser zu schützen, später durch Deiche an Wümme und Hamme untereinander verbunden. Das Blockland erhielt sein ländliches Erscheinungsbild mit feuchten Wiesen und Viehwirtschaft. Mit Industrialisierung und Urbanisierung vertieften sich die Gegensätze von Stadt und Land, ländliche Räume wurden zunehmend auch zu Naherholungsgebieten für die städtische Bevölkerung. Das gilt im besonderen Maße auch für die Gegend zwischen Wasserhorst und Borgfeld.

Kuhsiel im Oberblockland im Winter, 1925 aufgenommen von Heinrich Franzen mit dem Blick genau nach Norden. Franzen steht auf dem zugefrorenen Kuhgraben, der mit der Schleuse in die Wümme mündet, rechts im Schnee sind vermutlich seine Fußstapfen zu erkennen. Eine Schlittschuhläuferin hat gleich das Ende der geräumten Eisbahn erreicht.

Über Kuhsiel brachten Lastkähne aus Lilienthal und Borgfeld seit dem Mittelalter Getreide und Vieh nach Bremen, aus dem Teufelsmoor die Torfbauern ihren Torf. Ursprünglich mussten die Kähne über den Deich in den Kuhgraben gezogen werden. An der Stelle des Überzuges entstand um 1830 eine Gaststätte, in der vor allem die Torfschiffer einkehrten. 1865 wurde der Kuhgraben verbreitert und eine Kammerschleuse durch den Wümmedeich gebaut. Über ein Siel als Teil des Entwässerungssystems konnten die Wasserstände in dem System der Gräben und Kanäle reguliert werden. Einige Gehöfte verfügten über ein eigenes Siel, durch das das in den Grenzgräben angesammelte Wasser durch den Deich in die Wümme und Hamme abgeleitet werden konnte. Später wurden Siele nicht nur zur Ableitung überschüssigen Wassers genutzt, sondern in Trockenzeiten kann durch sie Wasser umgekehrt ins Binnendeichland eingeleitet werden.

1925, also zu der Zeit, als Franzens Foto entstand, war die Schleusenanlage Kuhsiel noch einmal erneuert worden. Jedoch nutzten sie immer weniger Kahnschiffer, dafür mehr und mehr Wassersportler. Und natürlich fuhren die Bremerinnen und Bremer im Winter auf den zugefrorenen Kanälen begeistert Schlittschuh. So symbolisiert dieses Foto auch einen bestimmten Strukturwandel: von der Landwirtschaft zur (frühen) Freizeitindustrie.

Winter in der Stadt, Aufnahme von Heinrich Franzen im Frühjahr 1929 mit Blick vom Neustadtsufer in Höhe der Eisenbahnbrücke auf die Altstadt. Rechts überwintern Binnenschiffe längs des »Separationswerkes«, wie der Weser und Kleine Weser voneinander trennende Damm offiziell bezeichnet wird. Rechts ragt ein Anleger der Exportbrauerei Beck & Co. ins Bild. Dort werden Hopfen und Malz angelandet und auch Eis, um die Temperatur der Maische niedrig halten zu können. Rechts ist die Kaiserbrücke zu sehen, links die Packhäuser des Stephaniviertels. Die Türme von links nach rechts: Verwaltungsgebäude des Norddeutschen Lloyd an der Papenstraße, Ansgarii-Kirche, Liebfrauenkirche, Dom. Zwischen Dom und Liebfrauenkirche sind die charakteristischen Treppengiebel des Verwaltungsgebäudes der Reis- und Handels AG (»Reisbörse«), zwischen Langenstraße und Schlachte zu erkennen. Der Winter 1928/29 war extrem kalt mit konstanten Minustemperaturen um zehn Grad, die Weser fror zu.

Meteorologen sprechen mit Bezug auf die kalten Monate 1939/40 von einem »Extremwinter« und von arktischen Bedingungen. Weite Teile Deutschlands, besonders an Nord- und Ostsee, erlebten den stärksten Kälteeinbruch seit mehr als einhundert Jahren. Ein frostiges Kälteband legte sich von Amsterdam über Bremen und Hamburg bis nach Berlin und Königsberg über das Land.

Schon Mitte Dezember 1939 wurden mehr als minus zwölf Grad Celsius verzeichnet, Anfang Januar minus 20 Grad, und Mitte Februar gab es mit fast minus 30 Grad Kälterekorde. Kein Wunder, dass die Domtürme mit einem Film aus Eis überzogen waren. Das war etwas Besonderes – und vielleicht auch der Grund für Heinrich Raschen, einen Farbfilm zu verwenden. Die Technik war erst seit wenigen Jahren auf dem Markt und zunächst nur in der gewerblichen Fotografie, zum Beispiel für Werbe- und Modeaufnahmen, im Einsatz verbreitet. Aber immer mehr Fotoamateure ließen sich von der neuen technischen Entwicklung faszinieren, die im Journalismus erst mit Fortschreiten der farbigen Drucktechnik nach dem Zweiten Weltkrieg zum Durchbruch kam, als in den 1950er Jahren der Siegeszug der Zeitschriften begann, von denen eine, die »Bunte Illustrierte« aus dem Burda-Verlag in Offenburg, das Neue daran auch im Namen trug.

Der »Zeppelin« über der Bremer Neustadt. Auf dem oberen Foto ist am rechten Bildrand der Weserbogen in Höhe des Europahafens zu erkennen, links schiebt sich das Becken des Hohentorshafens in den Stadtteil Woltmershausen. Im Zentrum des Bildes verläuft von rechts nach links die Bahnlinie nach Oldenburg, die Brücke beginnt ganz am rechten Bildrand über dem Ende der Tragfläche des Flugzeuges. Vom unteren Bildrand in Richtung Hohentorshafen laufend, ist die Westerstraße zu erkennen, die in der Mitte von der Großen und Kleinen Allee (heute Langemarckstraße) gekreuzt wird. Links sind am Rande des Grünstreifens der Neustadtscontrescarpe gut die großen Klinkergebäude des 1894 ursprünglich in dem Schulgebäude an der Kleinen Allee eingerichteten Technikums, der heutigen Fakultät Natur und Technik der Hochschule Bremen, zu erkennen. Nach den Zerstörungen im Zweiten Weltkrieg wurde das Gebäude wieder rekonstruiert, allerdings ohne die hohen Giebel und Dachaufbauten. Auf der gegenüberliegenden Seite der Neubau des Technikums von 1906. Das Technikum hatte vier Abteilungen: Baugewerkschule, Maschinenbau-, Schiffbau- und Seemaschinistenschule. Zwischen Neustadtscontrescarpe (am linken Rand der Grünanlage) und Neustadtswall (am rechten Rand der Grünanlage) das Gelände der Kaserne am Neustadtswall mit dem großen Sportplatz.
Ganz in der linken Ecke der Aufnahme ist das Gebäude der Schule am Leibnizplatz zu erkennen.

Das in Friedrichshafen am Bodensee gebaute Luftschiff D-LZ127 fuhr unter dem Namen »Graf Zeppelin«. 1928 unter Kommandant Dr. Hugo Eckener in Dienst gestellt, unternahm der »Zeppelin« vor allem Liniendienste nach Nord- und Südamerika. Fünf Motoren der Firma Maybach zu je 530 PS ermöglichten eine maximale Geschwindigkeit von 130 km/h. Bis 1937 hat das Luftschiff 1,7 Millionen Kilometer hinter sich gebracht und dabei insgesamt 34.000 Passagiere befördert. Nach dem Unfall der »Hindenburg« 1937 wurde »Graf Zeppelin« stillgelegt und 1940 abgewrackt. Das die Zeitgenossen so faszinierende Luftschiff überflog bei seinen Deutschlandfahrten häufiger auch Bremen und Bremerhaven, die hier vorgestellten Fotos entstanden 1929.

Das untere Bild zeigt den Blick von Süden über den Bürgerpark und am rechten Bildrand die Kaiser-Friedrich-Straße (heute Hermann-Böse-Straße) mit dem »Realgymnasium«. Von links nach rechts sind die Ostecke der Bürgerweide, die Gustav-Deetjen-Allee, der Gustav-Deetjen-Park (noch ohne »Elefant«), die Häuser an der Blumenthal- und der König-Albert-Straße (heute Slevogtstraße) und das 1905 aufgestellte Kaiser-Friedrich-Denkmal zu erkennen. Die Bildmitte wird vom Holler-See und dem »Parkhaus« mit seinem großen Kaffeegarten am nördlichen Ufer beherrscht. Ihm gegenüber auf der andern Seite des Bassins liegt mit dem »Parkbahnhof« die Endstation der Jan-Reiners-Bahn. Das 1960 abgerissene Fachwerkgebäude zeichnete sich ursprünglich durch ein markantes Türmchen aus, das aber 1916 wegen Baufälligkeit abgetragen wurde. Vom Bahnhof aus ist bis zum linken Bildrand der Streckenverlauf entlang der heutigen Hollerallee und Eickedorfer Straße in Richtung Findorff zu erkennen, wo an der Hemmstraße ihr Betriebshof lag. Die weitere Streckenführung ging in großem Bogen parallel zur Hamburger Fernbahn am Rand des Bürgerparks entlang über Horn weiter bis Tarmstedt. Für die Strecke Bremen–Tarmstedt benötigte ein Zug fahrplanmäßig 70 Minuten.

In entgegengesetzter Richtung der Bahnhofsgleise beginnt die in diesem Teil noch unbebaut verlaufende Parkstraße, nördlich begrenzt von den Gärten der prächtigen Villen an der Hollerallee. Namensgeber von Allee und See war der Kaufmann und große Förderer des Bürgerparks Johann Hermann Holler, dessen Firma Holler & Grote mit Tabak, Baumwolle und Petroleum handelte.

Stadt und Freizeit, Vergnügen, Unterhaltung, Amüsement gehören zusammen. Und nichts ist so sehr Sinnbild bremischer Ausgelassenheit wie die »fünfte Jahreszeit« – der Freimarkt.

Das Foto von Ernst de Jong zeigt, wie mit »Willkommen zum Freimarkt« die Besucher des beliebten Volksfestes in den 1950er Jahren schon auf dem Bahnhofsvorplatz begrüßt und zu »Jubel, Frohsinn, Trubel« animiert werden: »Ischa Freimarkt«, lautet die Parole.

Der Ursprung des Freimarkts liegt in den beiden Jahrmärkten, die von Kaiser Konrad II. für den Bremer Erzbischof privilegiert wurden. Zunächst noch zeitlich eng an Kirchenfeste gebunden, setzte die Veranstaltung die sonst üblichen Restriktionen für den Zugang zum freien Handel aus und ließ auch »fremde« Händler und Besucher zu. Auch Gaukler, Spielleute, Possenreißer, Zahnbrecher und anderes fahrendes Volk fanden hier ihr Publikum, so dass der Freimarkt schon im Mittelalter Warenmarkt und Volksunterhaltung verband. Mit dem beginnenden 19. Jahrhundert prägte sich der Charakter eines Volksfestes immer deutlicher aus, das Vergnügen und die Unterhaltung standen im Mittelpunkt, die Funktion als Warenmesse ging zusehends verloren.

Der Freimarkt wechselte mehrfach seinen Standort in der Stadt, so wanderte er vom Liebfrauenkirchhof über Marktplatz, Domshof und Domsheide, Wallanlagen bis hin ins Rembertiviertel. Um 1890 dehnte sich der Freimarkt auch auf die Neustadt aus, wo er auf der großen Freifläche des Grünenkamps stattfand. Im Jahre 1913 hielt man den Freimarkt noch in Alt- wie Neustadt ab, aber 1919 einigte man sich darauf, ihn ausschließlich auf dem Grünenkamp anzusiedeln. 1934 fand das große Volksfest schließlich seinen auch heute noch gültigen Platz auf der Bürgerweide nördlich des Hauptbahnhofs.

Ischa
Freimarkt
Willkommen zum Freimarkt
JUBEL
FROHSINN
TRUBEL

Diese um 1900 gedruckte Postkarte zeigt das Ausflugs- und Vergnügungslokal »Tivoli« in der Bahnhofsvorstadt, An der Weide 6/13. Heute steht auf dem Grundstück das »Gewerkschaftshaus«.

Die Bezeichnung »Tivoli« – als Reklame hoch über dem Dachfirst weithin sichtbar – wurde vielerorts synonym für Vergnügungsstätten, Gartenlokale und Lustspielorte verwandt. Der Name geht auf die italienische Stadt Tivoli zurück, damals noch Tibur Superbum genannt. Etwa 30 Kilometer vor den Toren des antiken Roms gelegen, genossen die reichen Römer seit jener Zeit ihr angenehmes Klima und die reizvolle landschaftliche Lage als Sommerfrische.

Auf den Tafeln in den linken Fenstern des Erdgeschosses wirbt das Wirtshaus und Restauration »Zum Hackerbräu« für seinen Mittagstisch – »auch außer Haus«. Bemerkenswert an der 1858 in München gegründeten Brauerei Hackerbräu ist, dass sie trotzdem das Bremer St.-Pauli-Bier im Ausschank führt.

Der Kaufmann H.W. Wilcke hatte schon 1849 auf dem ehemaligen Sommersitz des Kaufmanns von Post, An der Weide Nr. 10, einen Volksgarten mit Sommertheater, Operetten, Lustspielen und allen möglichen Arten der Unterhaltung eröffnet. Das dargestellte Gebäude ist jedoch ein Neubau. Nach einer wechselvollen Geschichte, in der das »Tivoli« Konzertsaal, Varieté, Operettentheater sowie Spielstädte des Stadttheaters war, wurde es 1925 in ein Lichtspieltheater, sprich Kino, umgewandelt.

Trotz der Zugehörigkeit des »Tivoli« zur modernen Massenkultur machte der Architekt Carl Wilhelm Brennecke entsprechend dem Geschmack seines Publikums zahlreiche Anleihen bei den »Alten Lateinern«. Das beginnt schon bei den Reliefs auf der Attika unter dem Dach. Bezug nehmend auf die lateinische Sprache und ihre Ziffern lautet der Hinweis auf das Baujahr »Anno Domini MDCCCXCI« – 1891. Auch interpretierte er den seinerzeit populären Stil der Neorenaissance italienisch, indem er verspielte Formen wie Schnecken vermied und vergleichsweise strenge, symmetrische Formen in der Fassadengestaltung verwendete. Das Giebeldreieck, das Tympanon, mit der Figurengruppe verweist auf den Zweck des Gebäudes, es soll ein Ort der Unterhaltung und der schönen Künste, der Musen, sein. Und so stellt das Tympanon programmatisch Terpsichore, die Muse des Tanzes, mit einem Kranz im Haar und mit der siebensaitigen Lyra in den Mittelpunkt. Flankiert wird sie rechts von Euterpe, der Muse der Musik, mit einer Flöte, und links Thalia, der Muse der Komödie und des Lustspiels, hier mit Pauke und krummem Hirtenstab in der Hand dargestellt.

Die vorliegende Abbildung gibt es auch in Farbe. Im letzten Drittel des 19. Jahrhunderts fing man an, wie andere Postkarten in diesem Band ebenfalls belegen, Post- und Ansichtskarten zu kolorieren, also einzufärben. Zunächst per Hand in Manufakturen, dann maschinell, indem man verschiedene Druckverfahren übereinanderlegte. Die Farben jedoch sahen meist nicht besonders natürlich aus, mal leuchteten sie zu grell, mal blieben sie zu blass.

68. Bremen. „Tivoli."
TIVOLI
ANNO DOMINI
ZUM HACKERB

Das Parkhaus im Bremer Bürgerpark in den Jahren 1885 und 1898. Im Laufe des 19. Jahrhunderts expandierte Bremen gewaltig. Die immer dichter besiedelte Stadt benötigte Erholungsgebiete und Grünräume, auch um veränderten Erwartungen an Freizeit und Erholung zu genügen. Der Ausflug in den Bürgerpark ist noch heute ein unverzichtbares Ritual in vielen Bremer Familien.

Ursprünglich war die Bürgerweide die städtische Allmende, hier wurde das Vieh der Bremer geweidet. Nun nahm die landwirtschaftliche Nutzung jedoch immer mehr ab, und ab 1865 entstanden Pläne, dort einen großen Volkspark, eben einen »Bürgerpark« für alle Bremer anzulegen. Von 1867 bis 1869 entstand das später »Holler-See« genannte Bassin, und der Aushub wurde zur Parkgestaltung eingesetzt. An der Nordseite des Beckens wurde der zweigeschossige Bau des ersten Parkhauses als Restaurationsbetrieb 1872/73 errichtet. Etwas erhöht am Ende des Hollersees erbaut, sollte er Schatten spenden und den Blick über das Wasser mit der Stadt im Hintergrund bieten. Auf der Rückseite bot er die Attraktion der großen Sichtachse in den Bürgerpark hinein. Das Lokal mit über 1000 Sitzplätzen entwickelte sich zu einem der beliebtesten Ausflugsziele Bremer Bürger. Im Garten fanden Konzerte statt. Zur »Internationalen Landwirtschaftlichen Ausstellung« 1874 erhielt das Parkhaus zwei Erweiterungsflügel, um dem Ansturm der Besucher gerecht zu werden. Damit konnte es 1600 bis 2000 Gästen Platz bieten. Die größte Sensation war die Illuminierung des Gartens durch elektrisches Licht, am 21. Juli 1874 versammelten sich 7000 bis 8000 Menschen, »um das Schauspiel des elektrischen Lichts« zu betrachten, welches zuerst im Bürgerpark gezeigt wurde.

Die erste große Veränderung erfuhr das Parkhaus zur »Nordwestdeutschen Gewerbe- und Industrieausstellung« 1890. Unter Beibehaltung der alten Konstruktion wurde ein »historischer« Neubau errichtet, im Charakter »deutscher Renaissance mit flotter barocker Ornamentierung und figürlichem Schmuck«, so ein zeitgenössischer Bericht. Dabei galt die Devise: Soviele Flaggenmasten wie nur möglich. Die kleinen Ecktürme dienten als Treppenhäuser, die zu einer großzügigen Galerie in der neuen Kuppel führten. Überall sah man Dekorationen mit Zementstuck. Im Innern gab es große und kleine Säle, allein im großen Konzertsaal fanden nach dem Umbau von 1890 insgeamt 3500 Menschen Platz. Auf der Westseite entstand ein Konzertpavillon.

Die Bewirtschaftung des Etablissements übernahm die Bremer St.-Pauli-Brauerei, die den Besitzer des Drei-Sterne-Hotels de l'Europe am Herdentor als Pächter einsetzte. 1902 übernahmen die Gebrüder Sieler die Gastronomie, als Betreiber von Sielers Festsälen und dem Schützenhof am Hohentor in der Neustadt als erfolgreiche Großveranstalter bestens renommiert. Rund um den Holler-See ließ sich wahrhaft fürtrefflich promenieren, wie die beiden Damen rechts unten zeigen.

Das Stadttheater Am Wall, fotografiert von Friedrich Frevert im Jahr 1928.

Amüsement, Unterhaltung, selbst Kunst, Schauspiel und Theater hatten es im alten Bremen nicht leicht, die Stadt war eine Hochburg der sittenstrengen Reformierten. Wohl zogen die Puppenspieler, Gaukler, Komödianten auch durch Bremen, aber selten gingen deren Auftritte auf Wanderschaft ohne Proteste ab. Erst mit der Aufklärung und der deutschen Klassik trat allmählich ein Sinneswandel ein. 1826 gründete sich ein Theaterverein und schließlich konnte 1843 das »Stadttheater« am Bischofstor in den Wallanlagen gebaut werden. Das Aufführungsprogramm bot dramatische Klassiker wie Shakespeare, Lessing, Goethe, Schiller, aber auch Opernabende mit Werken von Mozart, Weber, Rossini und – in der zweiten Hälfte des 19. Jahrhunderts immer beliebter werdend – Richard Wagner. In den 1880er Jahren erfolgten umfangreiche Umbaumaßnahmen. Nach dem Ausbau des Zuschauerraums fanden 1400 Besucher darin Platz. An der Westseite des Gebäudes wurden Restaurationsräume eingerichtet und ein Anbau als Kulissenlager angefügt. Die Umgestaltungen waren so tief greifend, dass von dem ursprünglichen Gebäude bis auf die neoklassizistische Fassade wenig übrig blieb.

Das Stadttheater fügte sich künstlerisch-ästhetisch in die Gestaltung der Wallanlagen ein und harmonierte gut mit der Architektur der nahen Kunsthalle und den alten Torwachen. Die beeindruckende Größe des Gebäudes wird auf Freverts Foto noch betont, da sich durch seinen Standort auf der zum Herdentor abfallenden Straße Am Wall eine leichte Untersicht auf den Bau ergibt.

Theater für das gebildete Bürgertum in den Wallanlagen – Fußball für die Massen auf dem Platz neben der Fabrik. So einfach wird es nicht gewesen sein, aber sicher hat sich Fußball eher zu einer bedeutenden Form der populären Kultur, auch klassenübergreifend, entwickelt, zumindest wenn wir einem weiten Kulturbegriff folgen, der auch die vielschichtigen Momente der menschlichen Lebensweise, also auch die des Alltags und der Freizeit umfasst.

Fußball war in seinen Anfängen mit dem Stigma des Proletarischen versehen, Fußball kam aus England, der deutsche Sportler turnte. Doch der Ausbreitung der Faszination des runden Leders konnte das keinen Abbruch tun.

Auch in Bremen begannen junge Männer aus allen Klassen und Schichten zu »kicken«, und beim Deutschen Fußball-Bund wird vermutet, dass der 1880 in Bremen gegründete »Bremen Football-Club« und der im selben Jahr entstandene Frankfurter Verein »Germania« die ersten reinen Fußballclubs Deutschlands waren.

Vielfach wurde Fußball im Rahmen von Turn- und Sportvereinen betrieben. Im Bremer Sport Klub bolzten die Bremer Fußballpioniere auf dem Fußballplatz an der Schleifmühle schon im Jahre 1891. Anfangs war der BSC das fußballerische Maß aller Dinge, der FV Werder Bremen wurde erst 1899 gegründet. Von nun an elektrisierten die Begegnungen zwischen beiden Vereinen für mehr als 30 Jahre ganz Fußball-Bremen. 1899 gab es den ersten Fußballspielplan in Bremen, in drei Klassen wurden die Meisterschaften des »Verbandes Bremer Fußballvereine« ausgetragen. Um 1905 kam es zu einem Zusammenschluss von 13 »wilden«, nicht zum Deutschen Fußballbund gehörenden Mannschaften. Doch schon 1911 löste sich dieser Verbund wieder auf.

Folgende Sportplätze wurden angelegt: am Grünenkamp, an der Nordstraße und an der Schleifmühle, Ecke Parkallee, Hohenlohestraße. Ursprünglich hatte man auch auf dem Kasernenhof in der Neustadt gespielt.

Auch die Fußbälle und Schuhe sahen zu der Zeit noch anders aus. Der Ball wurde mit einem Lederriemen geschnürt, die Schuhe hatten Leisten, die genagelt wurden. Die Mannschaft stellte der Spielführer auf, gewaschen wurde sich nach dem Spiel aus Eimern.

Auf dem undatierten Foto ist der Fußballplatz am Grünenkamp in der Neustadt mit Bremer Flaggen und den schwarz-weiß-roten des Kaiserreiches geschmückt (im Vordergrund und hinter dem Tor auf der gegenüberliegenden Seite). Das Spiel findet offensichtlich großes Interesse, die Zuschauer sind zahlreich, Männer wie Frauen im Sonntagsstaat. Der große Industriekomplex zentral im Bild ist die Kaiserbrauerei Beck & Co. Laut späteren Fotokommentaren von Zeitzeugen handelt es sich um ein Gastspiel des BBV Sport beim FC Stern. Im Hintergrund sind ganz links die Mühle am Stephanitor, der Turm der Packhäuser von Hagens & Anthony und der Kirchturm St. Stephani zu erkennen.

Im Jahr 1927 präsentieren eine Jugendmannschaft und andere Vereinsmitglieder stolz das Plakat ihres Fußballvereins vor dem Lokal »Reichsadler« im Ostertorsteinweg 80. Dieses Restaurant und Café wirbt mit Pilsener Urquell und Münchener Bier im Ausschank, ist aber vor allem auch das Versammlungslokal des »Fußball-Clubs Lloyd« und zwar »Montagsabend«. Als Anschrift wird im Adressbuch aufgeführt: Franz Mahlstedt, Brunnenstraße 34, Franz Mahlstedt ist beruflich als Bahnarbeiter eingetragen.

1907 verzeichnen die Annalen das erste Match des FC Lloyd gegen den »Fußball-Verein Werder zu Bremen« auf dem Peterswerder, das 5:0 für Werder ausgeht. Bis in die 1930er Jahre spielen die Vereine fast jährlich gegeneinander, 1913 gelingt das erste und einzige Unentschieden (3:3), am 16. Februar 1913 der erste und einzige Sieg für den Lloyd (3:2). Bereits 1908 trug der FC Lloyd das erste internationale Match aus, gegen den holländischen L.A.C. Frisia aus Leeuwarden, dessen Geschichtsbücher festhalten: »De Bremer Fussballclub ›Lloyd‹ wordt op de ›baan‹ met 2-1 verslagen.«

Laut Adressbuch von 1907 wurde der FC Lloyd im Jahre 1902 gegründet und taucht erstmalig als Nutzer von Fußballplätzen im Peterswerder 1904 auf. An einem Weg von der Verdener Straße zur »Flußbadeanstalt« von Hermann Wagenbrett (heute etwa Platz 10 und ein Teil des Stadionbades) lagen diverse »Fußball-Buden«, in denen Pfosten, Netze und Eckfahnen und andere Ausrüstung gelagert wurden. Hier feierte man aber auch bei kräftigem Alkoholgenuss, manchmal zusammen mit dem Gegner. Vom »Verein zur Beförderung des Spiels im Freien« betrieben und vermietet, wurde etwa ab 1902 auf mehreren Spielfeldern direkt am Deichfuß gespielt.

1927 fand das letzte Spiel zwischen Werder und dem FC Lloyd statt. Was passierte dann? Wurde der Verein aufgelöst oder umbenannt, oder fusionierte er mit einem anderen Verein und firmierte von nun an unter einem neuen Namen? Warum hieß er überhaupt »Fußball-Club Lloyd Bremen«? Das Emblem zeigt einen Bremer Schlüssel und quer darüber den Schriftzug »F.C. Lloyd«. Das Familienalbum, aus dem diese drei Fotos stammen, enthält auch Bilder aus dem Unternehmen Dynamo Lloyd, welches am Hastedter Osterdeich ansässig war. Oder bezog es sich auf die in Bremen allgegenwärtige Schifffahrtsgesellschaft Norddeutscher Lloyd?

Ganz genaue Angaben zu den Bildern weiß auch der Besitzer des Fotoalbums nicht mehr. Er hat es von seinem Vater erhalten, der unten im Jahr 1926 mit Lloyd-Trikot abgebildet ist. Auf der rechten Seite unten ist die Mannschaft 1922 in einer bemerkenswerten Torkonstruktion zu sehen. Sie gehört zu einem Sportplatz in Verden, wo der FC Lloyd zum Auswärtsspiel antrat.

Fussball-Club
LLOYD e.V.
Bremen

Für die Vertreter der reinen sportpädagogischen Lehre galt auch in der Weimarer Republik: »Deutsch« ist das Turnen im Geiste des Turnvaters Jahn, Fußball war roh, barbarisch, ohne jeden pädagogischen Wert. Man sprach von »Fußlümmelei« und »gemeinen Hundstritten«. Alle, die sich berufen fühlten, an der Erziehung der anständigen Jugend mitzuwirken, waren sich einig in der Ablehnung des »Associationsfußballs«. Bisweilen wurde sogar von der Kirchenkanzel wider den Fußball gewettert, der »in höchstem Maße« ein »unedles, ja brutales Spiel« sei. Vor ihm müsse dringend gewarnt werden. Die Arbeiterbewegung und der Arbeitersport jedoch setzten sich immer wieder und nachhaltig für eine gesellschaftliche und das hieß auch schulische Akzeptanz des Fußballspiels ein.

Hier eine Demonstration des BSV, des »Bremer Sportvereins« und anderer Fußballvereine in Trikots, Hosen, Stutzen und Fußballschuhen anlässlich des Weser-Jade-Bezirkstages um 1920 im Bremer Westen. Die Sportler fordern mehr Sportplätze, Fußball in der Schule und propagieren den Wahlspruch »Übung stählt die Kraft, Kraft, die neues Leben schafft«. Nun denn. Der noch heute aktive BSV wurde 1906 als Bremer Ballspiel-Verein »Sport« gegründet, errang im Jahr darauf die Meisterschaft des Bundes Bremer Fußballvereine und gehörte bis in die Oberliga-Zeiten der 1950er Jahre zu den größten Bremer Sportvereinen.

Fussball-Sport
gehört
in die Schule
SCHAFFT
Spielplätze

Die folgenden Fotos stammen aus einem kleinen privaten Fotoalbum, das in den Jahren 1946/47 angelegt wurde und persönliche Eindrücke von Bremen wiedergibt, einer Stadt zwischen materieller Verwüstung durch den Zweiten Weltkrieg, politischer und persönlicher Desorientierung und zaghaftem Neuanfang, Wiederaufbau, Normalisierung des Lebens. »Eine Welt fiel in Trümmer, ideell und real, eine neue Welt tat sich auf, in die man sich vorsichtig und völlig ungeschützt hineintasten musste«, so fasste eine Bremerin die Situation zwischen dem Ende der Nazidiktatur, dem Kriegsende, und der Zeit der Währungsreform, der Gründung der Bundesrepublik und dem beginnenden Wirtschaftswunder zusammen. Das Fotoalbum ist so auch eine private Dokumentation des Zeitgeschehens, die eine Seltenheit unter den im Fotoarchiv des Zentrums für Medien überlieferten Privatalben darstellt. Sie dokumentiert nicht nur familiäre Ereignisse, sondern reflektiert auch das öffentliche Leben in der Ausnahmesituation der frühen Nachkriegsjahre.

Das obere Bild zeigt den Blick von der Ecke Langenstraße/Stintbrücke aus auf den Marktplatz. Das Rathaus ist fast unzerstört, der Roland gar nicht. Rechts hinten ist der Turm der Bremer Bank zu erkennen, links deuten sich vor den Häusern der Westseite des Marktplatzes Baugerüste an. Die Fassaden werden mit aus den Trümmern geborgenen Teilen zerstörter Bremer Weserrenaissancehäuser mit viel Aufwand historisch rekonstruiert. Vor dem Rathaus steht eine Reihe amerikanischer Militärjeeps, der Ratskeller war amerikanischer Offiziersclub, in der Unteren Rathaushalle befand sich ein Vergnügungsetablissement für die Mannschaften. Die beiden zivilen Pkw sind links ein US-amerikanisches Modell aus den 1940er Jahren (zu erkennen an dem spitz zulaufenden Kühlergrill) und ein Mercedes der Modellreihe 170 oder 230, die von der amerikanischen Militärregierung und den deutschen Verwaltungsbehörden benutzt wurden. Die zu sehenden Menschen stehen an der Straßenbahnhaltestelle vor dem Rathaus.

Unten: Blick vom Wall durch die Bischofsnadel über den Domshof auf den Dom, links ragt der Vierungsturm des nördlichen Querschiffs empor. Das Ausmaß der Zerstörungen ist gewaltig, noch ist der Schutt der Bombennächte allgegenwärtig. Hinten rechts ist das Dach des Neuen Rathauses zu sehen, links davon die Neue Börse.

Unmittelbar vor Ende des Zweiten Weltkrieges hatten die nationalsozialistischen Machthaber in Bremen alle Weserbrücken sprengen lassen, damit wollten sie den Vormarsch der Alliierten am Fluss zum Stehen bringen. Als provisorischer Weserübergang diente ab dem 15. Juni 1945 die eilends errichtete »Memorial Bridge«. Die amerikanische Militärregierung war jedoch bestrebt, so schnell wie möglich einen soliden Weserübergang aufzubauen, und stellte das Baumaterial zur Verfügung.

Der Wiederaufbau der Brücken begann im August 1945, ging jedoch nur langsam voran, vor allem wegen der strengen Winter und der Rohstoffknappheit. Im Dezember 1946 begann eine lang anhaltende Frostperiode. Im Februar 1947 wurden 19 Grad minus gemessen, und als im März plötzlich Tauwetter einsetzte, brach das Eis. Das Weserpegel stieg mit rasender Geschwindigkeit – innerhalb von 30 Minuten um zwei Meter – und der Fluss drückte riesige Eisschollen sein Bett hinunter. Bremen erlebte die größte Eiskatastrophe seit undenklichen Zeiten. Für den 18. März vermeldete der Chronist:

10.30 Uhr: Die Memorial-Brücke bricht

15.30 Uhr: Ein treibendes Tankschiff zerstört die Wehrbrücke (unteres Bild)

17.24 Uhr: Eisberg rammt die Truman-Brücke

19.15–19:40 Uhr: Die Hubtürme der Baustelle der Kaiserbrücke stürzen ein (oberes Bild)

20.20 Uhr: Der Schlußakt – die Eisenbahnbrücke bricht!

Damit waren erneut alle Verbindungen zwischen Neu- und Altstadt zerstört, auch die behelfsmäßige Truman-Brücke, die von der Altstadt auf Höhe der Ansgariitränkpforte über den Teerhof und die Kleine Weser in die Häschenstraße der Neustadtseite verlief.

Anstelle der Eisenbahnbrücke baute man eine Notkonstruktion, und über den weggebrochenen Mittelteil der Lüderitzbrücke, der heutigen Großen Weserbrücke, verlegte man drei Tage später notdürftig Holzbohlen, sodass zumindest Fußgänger die Brücke wieder nutzen konnten. Erst im Winter 1947 sollte die Große Weserbrücke wieder vollständig hergestellt werden, und weitere fünf Jahre dauerte es, bis die alte Kaiserbrücke als Bürgermeister-Smidt-Brücke neu eröffnet wurde. Das Foto, aufgenommen von der Altstadtseite, zeigt die noch sichtbaren Brückenreste der Eisenbahnbrücke, im Hintergrund die Brauereien von Haake-Beck und Beck & Co., ehemals Export-, ehemals Kaiserbrauerei.

Auch das Weserwehr war im April 1945 von deutschen Truppen zerstört worden, die Turbinen blieben jedoch weitgehend intakt, ebenso die Fußgängerbrücke rechts im Hintergrund. Am 18. März 1947 war auch sie durch den Eisgang vollkommen demoliert worden.

Zwei weitere Bilder aus dem kleinen Album sind bemerkenswert. Es ist eine ganze Reihe von Fotos der durch alliierte und deutsche Bomben und durch die Eiskatastrophe zerstörten Brücken überliefert – nicht aber von dem alltäglichen Fährverkehr zwischen Teerhof und Martinianleger. Ein kleiner Hafenschlepper leistet Brückenersatzdienst. Dicht an dicht drängen sich die Menschen an Bord, und auch am Anleger gegenüber, vor der zerstörten Martinikirche, hat sich bereits eine Menschenschlange für die nächste Überfahrt gebildet.

Das Bild unten zeigt den Blick vom südlichen Domturm über den Marktplatz in Richtung Weser und offenbart das unendlich groß erscheinende Maß der Zerstörung, besonders auf dem Teerhof steht kein Stein mehr auf dem anderen. Dennoch fallen zwei Dinge auf: Erstens steht zwischen den Giebeln des Schüttings bereits das Stahlgerippe zur Wiederherstellung des Daches, auch an der Fassade wird gearbeitet. Und zweitens zeigt der Blick über die Neue Börse einmal mehr, dass das Gebäude zwar ausgebrannt, aber keinesfalls völlig zerstört war.

Die Straßenbahnlinie 4 fuhr seit jeher auf der Strecke Horn–Bahnhof–Markt–Arsterdamm. Im Zweiten Weltkrieg kam es zu schweren Schäden an Gleisen, Fahrleitungen, Gebäuden und Fahrzeugen, bis im April 1945 der gesamte Straßenbahnbetrieb endgültig zum Erliegen kam. 80 Prozent der Oberleitungen waren zerstört und nur zehn Prozent der Fahrzeuge betriebsfähig. Dennoch fuhren bereits im Juni 1945 wieder die ersten Züge.

Die Linie nach Horn wurde zunächst von Omnibussen ab Hauptbahnhof bedient. Ab August fuhr die Linie 4 A (A = Altstadt) zwischen Horn und Sankt-Joseph-Stift, ab September 1945 bereits wieder bis zum Domshof. Ebenfalls im September startete auf der anderen Weserseite der Betrieb der Linie 4 N (N = Neustadt) zwischen Leibnizplatz und Arsterdamm. Ein durchgehender Verkehr von Horn bis zum Arsterdamm blieb wegen der zerstörten Brücken unmöglich. So gab es bis Ende 1947 ein durch die Weser zweigeteiltes Netz.

Am 29. November 1947 gibt Bürgermeister Wilhelm Kaisen die wiederhergestellte Große Weserbrücke für den Verkehr frei. Das obere Foto zeigt den Moment auf der Wachtstraßenseite, die Straßenbahn wartet schon im Hintergrund, links ist ein Brückenpfeiler zu erkennen. Unten der erste Zug der nun wieder durchgängig verkehrenden Linie 4 auf der anderen Weserseite.

Der erste Triebwagen 701 war 1947 bei der Bremer Dock und Maschinenbau GmbH entstanden. Unter diesem Namen firmierte die AG »Weser«, da sie aufgrund der alliierten Einschränkungen in der unmittelbaren Nachkriegszeit keine Schiffe bauen durfte. Der auf dem Foto zu sehende Wagen 703 gehörte zu einer Serie von 25 Trieb- und Beiwagen, die die Strecke der Linie 4 bedienten.

4
Arsterdamm
4
Do not pass on left
Do not pass on left
Sonderwagen

Dies schnappschussartige Foto hat Heinrich Raschen vermutlich Mitte der 1950er Jahre aufgenommen. Es zeigt exemplarisch, dass die materielle Not der fortschreitenden Nachkriegszeit verschwunden ist. Arbeit gibt es reichlich, und mit der D-Mark wieder »harte« Währung zum Bezahlen – die Hamsterfahrten aufs Land jedenfalls sind bereits Legende.

Das Angebot des Wochenmarkts auf dem Domshof ist sicher sehr gut, der Mann trägt sein prall gefülltes Einkaufsnetz lieber am Stock über die Schulter als in der Hand. Er sieht zwar etwas angestrengt aus, aber von dem Ausgemergelten und Trostlosen, das Fotos in vielen Gesichtern der unmittelbaren Nachkriegszeit zeigen, ist keine Spur zu sehen. Die Frau trägt zeitgenössische Mode, inklusive Perlmutt-Ohrringe oder -Clips. Doch selbst wenn die großen Zerstörungen an den Gebäuden rings um den Domshof inzwischen beseitigt sind und auch das von Bomben getroffene Nordschiff des Doms längst repariert wurde – der Krieg bleibt unsichtbar präsent, denn die Marktbesucher laufen über den großen, 1941 unter dem Domshof angelegten Tiefbunker, und im Hintergrund wird noch fast ein Jahrzehnt lang das abgeräumte Grundstück der Börse an die Bombennächte erinnern. Die Zeit des Wiederaufbaus ist noch längst nicht vorbei.

Ein zarter Hauch von Times Square und Piccadilly Circus macht sich breit am Herdentorsteinweg in diesen Aufnahmen von Heinrich Raschen aus dem Jahre 1950. In den allermeisten Stadtgebieten musste man zu dieser Zeit lange nach derartigen Perspektiven suchen, in der Regel störte der Anblick von Trümmern den Wunsch nach Neuanfang und Normalität. Nicht so in der Innenstadt, die mit ihrem Lichtermeer eine amerikanisierte Modernität widerspiegelt.

Rechts oben blicken wir Richtung Bahnhof. Die Bremer Zigarrenfabrik Brinkmann wirbt für ihre Zigaretten der Marke Lux, der Autohersteller Borgward ruft allein seinen Markennamen in Erinnerung. Beide sind nicht nur Aushängeschilder der Wirtschaftskraft Bremens, sondern auch des aufblühenden bundesrepublikanischen Wirtschaftswunders. Die Leuchtreklame von »Schimmelpfeng« verweist auf ein 1872 in Frankfurt/M. gegründetes Inkassounternehmen; darunter Werbung für Schnäpse der Güldenhaus Spirituosenfabrik, die nach dem Ersten Weltkrieg auf dem Gelände der St.-Pauli-Brauerei am Neustadtswall als »Alt-Bremer Likörfabrik zum Güldenhaus« gegründet wurde. Die Firma wurde vor allem durch ihren Doppelkorn »Eiswette« bekannt. Die Zigarettenfabrik Brinkmann saß in Woltmershausen, ihre Hauptmarken waren Texas, Lux-Filter, Peer-Export und Lord Extra, sie produzierte aber auch Pfeifentabak und Filterzigarillos. Carl Borgward, selbst Repräsentant des »Wirtschaftswunders«, ließ Pkw herstellen, die zu Ikonen wirtschaftlicher Leistungskraft der Bundesrepublik in den 1950er Jahren wurden. Die Modelle »Hansa 1500« und »Isabella« haben heute noch einen legendären Ruf.

Rechts unten ein Blick in die weihnachtlich dekorierte Sögestraße. Kein Zweifel: Es geht aufwärts – und der Slogan »Wir sind wieder wer!« gilt auch in Bremen.

BRINKMANN LUX CIGARETTEN
Schimmelpfeng
GULDENHAUS LIKÖRE
BORGWARD
BORGWARD
SHELL
X-100

CORDS
PAICOS Cigaretten
ZEISS
IKON

Verlag, Herausgeber und Autor bedanken sich bei:

Marion Schleuder und Michael Schnelle, Fotografen im Fotoarchiv des Zentrums für Medien;
Matthias Schneider, Archivar im Zentrum für Medien;
Regina Meyer-Kallert, Zentrum für Medien;
Renate Ullerich, Zentrum für Medien;
Karin Bohn, Zentrum für Medien Nord;
Ursula Borucki, Fotografin, ehemals Landesbildstelle Bremen;
Cecilie Eckler von Gleich, Achim Saur, Geschichtskontor im Kulturhaus Walle;
Ariane Schmiedemann, Deutsches Korbmuseum
Michelau i. OFr.;
Jörn Schaper, Bremer Zentrum für Baukultur;
Dieter Lüking, Schulmuseum Bremen;
Heinrich Germer;
Wilfried Bode;
Gerd F. Oetker;
Hermann Pölking-Eiken;
Harald Klingebiel, Fußballexperte in Bremen;
und David Stone.

Auf dem Bremer Marktplatz in den 1950er Jahren,
Foto von Hinrich Meyer

Die Deutsche Bibliothek verzeichnet diese Publikation in der Deutschen Nationalbibliografie; detaillierte bibliografische Daten sind im Internet unter http://dnb.ddb.de abrufbar.

Hohenlohestraße 21 – 28209 Bremen
Tel. 0421/34843-0 – Fax 0421/348094
info@edition-temmen.de – www.edition-temmen.de

Gesamtherstellung: EDITION TEMMEN

ISBN 978-3-8378-1031-8

Lektorat: Achim Saur
Seitenaufbau: Nils Aschenbeck
Vorsatzabbildung: Bremer Landesmuseum für Kunst und Kulturgeschichte – Focke Museum (Ausschnitt eines Stadtplans, 1890er Jahre)
Nachsatzabbildung: Ausschnitt eines Stadtplans, um 1940
Bildnachweis: Alle Abbildungen in diesem Band stammen aus dem Fotoarchiv des Zentrums für Medien im Landesinstitut für Schule

Parallel
Rendsburger Str.
Kohlen
Postamt
Utbremer
Hansa
Würzburger
Ansbacher
Falkenberger
Admiral
Neukirch Speditionsgeschäft
Plantage
Breiten-weg
Düstern Str.
Olbers
Steinhäuser
Steinweg
Arbeitsamt
Doven-
Kamp
Lützower
Nord Str.
Schule
Danziger Freiheit
Erwin Str.
Wartburg
Steinbach Str.
Hansa Str.
Ev. Diaconissen Haus
Stephanitor
Seemanns Heim
Hafen Str.
Faulen Str.
Wall
Neuen
Baum Str.
Altonaer
Abbentors-Wallstr.
Kirchhof
Hafen
Hafen Amt
Landungs Brücke
Sch. 3
Sch. 7
Sch. 4
Sch. 2
Sp. II
Kirchenweide
Muggenburg
Auf der Muggenburg
Weser Bhf.
Lüderitz Brücke
Weser
Separations Werk
Zoll Amt
Ebbe
Flut
Deich
Am Deich
Sand-weg
Grünen
Schützen Str.
Ilsabeen Stift
Str.
34
35
36
37
50
51
52
53
66
67
68
69
82
83
84
85
96
97
98
99